# Erfolgsfaktor Eigenpositionierung

# Lizenz zum Wissen.

Sichern Sie sich umfassendes Wirtschaftswissen mit Sofortzugriff auf tausende Fachbücher und Fachzeitschriften aus den Bereichen: Management, Finance & Controlling, Business IT, Marketing, Public Relations, Vertrieb und Banking.

Exklusiv für Leser von Springer-Fachbüchern: Testen Sie Springer für Professionals 30 Tage unverbindlich. Nutzen Sie dazu im Bestellverlauf Ihren persönlichen Aktionscode C0005407 auf *www.springerprofessional.de/buchkunden/*

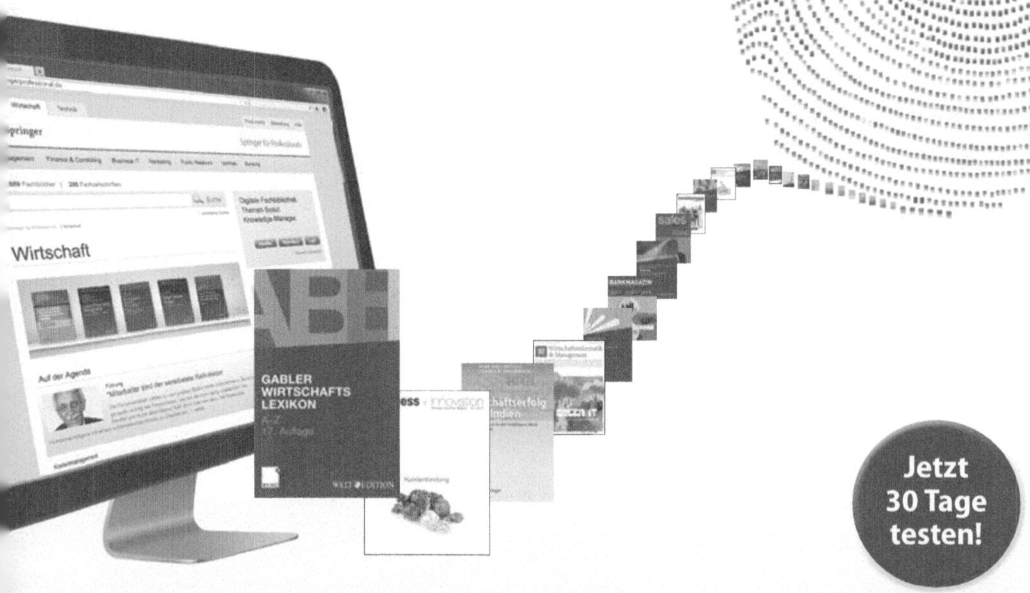

**Jetzt 30 Tage testen!**

Springer für Professionals.
Digitale Fachbibliothek. Themen-Scout. Knowledge-Manager.

- Zugriff auf tausende von Fachbüchern und Fachzeitschriften
- Selektion, Komprimierung und Verknüpfung relevanter Themen durch Fachredaktionen
- Tools zur persönlichen Wissensorganisation und Vernetzung

*www.entschieden-intelligenter.de*

Springer für Professionals

 Springer

Wolfram Schön

# Erfolgsfaktor Eigenpositionierung

Karriere neu gedacht

2. Auflage

Wolfram Schön
Unternehmen & Performance Wiesbaden
Wiesbaden
Deutschland

Die 1. Auflage ist 2012 als E-book bei der
epubli GmbH erschienen.

ISBN 978-3-658-02857-2  ISBN 978-3-658-02858-9 (eBook)
DOI 10.1007/978-3-658-02858-9

Die Deutsche Nationalbibliothek verzeichnet diese Publikation in der Deutschen Nationalbibliografie; detaillierte bibliografische Daten sind im Internet über http://dnb.d-nb.de abrufbar.

Springer Gabler
© Springer Fachmedien Wiesbaden 2014
Das Werk einschließlich aller seiner Teile ist urheberrechtlich geschützt. Jede Verwertung, die nicht ausdrücklich vom Urheberrechtsgesetz zugelassen ist, bedarf der vorherigen Zustimmung des Verlags. Das gilt insbesondere für Vervielfältigungen, Bearbeitungen, Übersetzungen, Mikroverfilmungen und die Einspeicherung und Verarbeitung in elektronischen Systemen.

Die Wiedergabe von Gebrauchsnamen, Handelsnamen, Warenbezeichnungen usw. in diesem Werk berechtigt auch ohne besondere Kennzeichnung nicht zu der Annahme, dass solche Namen im Sinne der Warenzeichen- und Markenschutz-Gesetzgebung als frei zu betrachten wären und daher von jedermann benutzt werden dürften.

*Lektorat:* Irene Buttkus, Imke Sander
*Einbandabbildung:* © styleuneed/fotolia.com

Gedruckt auf säurefreiem und chlorfrei gebleichtem Papier

Springer Gabler ist eine Marke von Springer DE. Springer DE ist Teil der Fachverlagsgruppe
Springer Science+Business Media
www.springer-gabler.de

# Vorwort zur 2. Auflage

Die erste Auflage erschien 2012 ausschließlich als E-Book. Den vielen Anfragen nach einem gedruckten Buch möchte ich mit dieser zweiten Auflage nachkommen. Dazu fand ich mit Springer Gabler einen renommierten Verlag, der das Buchprojekt intensiv unterstützt hat. Besonderer Dank gilt dabei Frau Buttkus für ihr Engagement und die stete Diskussionsbereitschaft.

Die zweite Auflage wurde aber auch durch die verlagstypische Strukturierung gegenüber der ersten Auflage aufgewertet und für den Leser lesbarer. Diese beinhaltet eine Zusammenfassung vor jedem Kapitel. Zusätzlich wurden auf Hinweise der Leser hin weitere „Promi-Beispiele" im Kapitel „Positionierung" hinzugefügt und das Praxisbeispiel Stephan S. noch klarer vom eigentlichen Text unterscheidbar gestaltet. Die Checklisten zur Erarbeitung des persönlichen Marketingplans und der eigenen Positionierung bieten in der Druckversion noch mehr Raum für die eigenen Kommentare und müssen im Vergleich zum E-Book nicht mehr separat von der Internetseite geladen werden.

Das Buch richtet sich zum einen an Berufseinsteiger, die ihren Weg an die Spitze strukturiert und bewusst gehen möchten. Die sich nicht auf Vorgesetzte und Zufälle verlassen, sondern selbstbestimmt die eigene Entwicklung und die Darstellung der eigenen Performance aktiv betreiben. Des Weiteren richtet es sich an gestandene Manager, die nach einiger Zeit in einer Branche oder einem Unternehmen nochmals eine Neupositionierung vornehmen wollen. Sie werden in dem Buch viele wichtige Impulse erhalten. Das Wesentliche an dem Thema Eigenpositionierung ist das Einlassen und die bewusste Auseinandersetzung mit der eigenen Karriere, der eigenen Performance und der persönlichen Positionierung. Starten Sie jetzt und werden Sie zum Manager in eigener Sache.

im September 2013                                    Wolfram Schön

# Vorwort zur 1. Auflage

Karriere gestalten heißt heute, aktiv an der eigenen Karriere und der persönlichen Entwicklung zu arbeiten – initiativ und selbstbestimmt. Die Zeit der lebenslangen Mitarbeiterschaft in ein und demselben Unternehmen ist für die meisten Abklatsch einer vergangenen Vorstellung fremdbestimmter beruflicher und persönlicher Planung.

Eigenpositionierung und Personenmarketing ist nicht die häufig verwendete Formel „neue Brille, neues Outfit, neue Frisur – schon passt alles". Eigenpositionierung ist ein ganzheitlicher Ansatz und basiert auf den Vorgehensweisen des Produktmarketing. Sie, das „virtuelle Produkt", sind charakterisiert durch Ihre Stärken, Arbeitsweisen und Werte, durch Ihre Persönlichkeit und durch Ihren Erfahrungshorizont. **„Sie sind Ihr eigenes Produkt."** Dieses „virtuelle Produkt" gilt es entsprechend zu vermarkten. Eine klare Zielsetzung, eine durchhaltbare Positionierung (Image), eine klare Strategie und eine konsistente Kommunikation in Netzwerke hinein sind die Meilensteine einer erfolgreichen Selbst-Vermarktung. Um eines gleich vorwegzunehmen: Personenmarketing hat nicht zum Ziel, den Menschen zu materialisieren. Vielmehr betrachten Sie sich selbst als Ganzes, analysieren Ihre Performance und kreieren ein klar erkennbares Bild Ihrer Person.

Erfolgreiche Manager haben sich und ihre Karriere schon immer selbst gemanagt, am Markt intuitiv richtig positioniert und vermarktet. Sie investierten in Schulungen, Coaches und Erfahrungen, nicht selten außerhalb fest gefügter Karriereplanungen der jeweils aktuellen Unternehmen.

Ziel dieses Buches ist es, Sie auf dem Weg zur gezielten Selbst-Vermarktung zu begleiten. Lassen Sie sich auf diesen Weg ein. Machen Sie sich persönlich und Ihre Performance wahrnehmbar. Beschreiben Sie Ihren persönlichen Weg – selbstbestimmt und ich-orientiert. Gehen Sie konsequent und initiativ an das Managen Ihrer eigenen Karriere und Ihrer Wahrnehmung in der Öffentlichkeit. Werden Sie zum Manager in eigener Sache. Und noch eines: Warten Sie nicht auf Ihren Chef oder andere Personen, denn die sind gerade mit ihrer eigenen Karriere beschäftigt.

im November 2012								Wolfram Schön

# Inhaltsverzeichnis

**1 Karriere neu gedacht** .............................................. 1
   1.1 Produktansatz – Ich bin mein eigenes Produkt .................. 1
   1.2 Marktwert – Meine Leistung stellt einen Wert dar .............. 2
   1.3 Wettbewerbsvorteile schaffen – Investitionen tätigen ............ 2
   1.4 Wettbewerb ................................................ 3
   1.5 Marke und Image – unverwechselbar werden .................... 4
   1.6 Achterbahn oder Offroad – Entscheiden Sie richtig .............. 5
   Weiterführende Literatur .......................................... 5

**2 Rolle und Grundlagen des Marketings** ............................ 7
   2.1 Marketing – Definitionen und etwas Theorie .................... 7
   2.2 Marketing agiert ............................................ 8
   2.3 Marketingplan .............................................. 9
   Weiterführende Literatur .......................................... 10

**3 Eigenpositionierung und Personenmarketing** ..................... 11
   3.1 Produktdefinition: „Wer bin ich?" ............................. 12
      3.1.1 Stärken ............................................. 13
      3.1.2 Wie optimiere ich das Produkt „ICH"? .................. 18
      3.1.3 Werte ............................................... 21
      3.1.4 Persönlichkeit ....................................... 22
      3.1.5 Zusammenfassung – Produktdefinition ................. 24
   3.2 Umfeldanalyse .............................................. 25
      3.2.1 Allgemeine Marktanalyse ............................. 25
      3.2.2 Marktanalyse und Personenmarketing .................. 26
      3.2.3 Märkte und Unternehmen ............................. 27
   3.3 Marktdefinition und Marktsegmentierung ...................... 31
   3.4 Marktwert .................................................. 31
      3.4.1 Der persönliche Marktwert ............................ 32

| | | | |
|---|---|---|---|
| 3.5 | Ziele | | 36 |
| | 3.5.1 | Ziele in der betrieblichen Wirtschaft | 36 |
| | 3.5.2 | Ziele im Personenmarketing | 38 |
| | 3.5.3 | Zusammenfassung – Ziele | 41 |
| 3.6 | Positionierung | | 42 |
| | 3.6.1 | Positionierung in der betrieblichen Wirtschaft | 42 |
| | 3.6.2 | Erfolgreiche Produkt- und Personenpositionierung – ein modellhafter Ansatz | 42 |
| | 3.6.3 | Die gezielte Positionierung einer Person | 47 |
| | 3.6.4 | Die persönliche Positionierung Ihrer Person | 52 |
| 3.7 | Strategie und Aktion | | 56 |
| | 3.7.1 | Strategie | 57 |
| | 3.7.2 | Aktionen | 59 |
| | 3.7.3 | Ihre persönliche Erfolgsstrategie | 61 |
| | 3.7.4 | Typ-Strategien | 66 |
| Weiterführende Literatur | | | 72 |

**4 Quick Reference Guide – Eigenpositionierung und Personenmarketing** . . . . . . 75
  4.1 Eigenpositionierung und Personenmarketing . . . . . . 76
  4.2 Produktdefinition – Wer bin ich? . . . . . . 76
    4.2.1 Stärken . . . . . . 77
    4.2.2 Arbeitsweisen . . . . . . 79
    4.2.3 Werte und Persönlichkeit . . . . . . 80
  4.3 Marktanalyse und Marktdefinition . . . . . . 80
  4.4 Marktwert . . . . . . 81
  4.5 Zielsetzung . . . . . . 81
  4.6 Positionierung . . . . . . 82
  4.7 Persönliche Erfolgsstrategie und Aktion . . . . . . 82

**5 Eigenpositionierung und Personenmarketing des „Stephan S."** . . . . . . 85
  5.1 Profil . . . . . . 85
  5.2 Produktdefinition . . . . . . 85
  5.3 Marktanalyse . . . . . . 89
  5.4 Marktwert . . . . . . 90
  5.5 Ziele . . . . . . 91
  5.6 Positionierung . . . . . . 92
  5.7 Strategie . . . . . . 94
    5.7.1 Strategieaussage . . . . . . 94
    5.7.2 Aktion . . . . . . 95

**6 Ihr persönlicher Marketingplan „Eigenpositionierung"** . . . . . . 97

**Glossar** . . . . . . 131

# Karriere neu gedacht

**Zusammenfassung**

In diesem Kapitel erhalten Sie einen Überblick über das Thema Personenmarketing und den Ansatz, sich als eigenes Produkt zu vermarkten und ein Portfolio persönlicher Fähigkeiten aufzubauen.

Personenmarketing ist ein ganzheitlicher Ansatz, bei dem Sie sich als Person in den Fokus Ihrer Überlegungen stellen. Das Resultat ist eine auf Sie optimierte Positionierung und Strategie zur Erreichung Ihrer Ziele. Leistungen werden durch Kommunikation erkennbar und machen Sie zum Manager der eigenen Karriere. Damit ist das Personenmarketing ein Konzept und ein Angebot, Karriere und öffentliche Wahrnehmung neu zu denken.

## 1.1 Produktansatz – Ich bin mein eigenes Produkt

Zentraler Punkt im Personenmarketing ist der „Produktansatz". Im Marketing definiert sich ein Produkt durch den Verwendungszweck, die Eigenschaften, die Qualität, die Marke (Brand), den Nutzen und den Preis. Aus der Summe dieser Punkte ergibt sich die Attraktivität für den Kunden.

Im Personenmarketing definiert sich das „Produkt" aus der Gesamtheit des Wissens, der Erfolge, der Erfahrungen, der Methodenkompetenz und der Persönlichkeit. Dies ist kurz gesagt das, was Sie zu bieten haben. Der Analyse Ihrer Fähigkeiten und deren Ausprägung kommt eine wichtige Rolle zu. Die Frage nach dem „Wer bin ich?" ist eine fundamentale Frage im Personenmarketing. Die Antwort auf diese Frage ist Basis für die gesamte Ausrichtung Ihrer Person in Bezug auf mögliche Ziele, die Positionierung, die Strategie und Aktionen. Mein Tipp: Fügen Sie zu Ihren aktuellen Fähigkeiten neue Erfahrungen hinzu und machen Sie sich so zu einem nicht kopierbaren Kompetenzcluster. Dazu kommt natürlich auch Erfahrungswissen aus privaten Bereichen, wie Sport, Familie und kulturellem Engagement.

Wer sich analysiert, seine persönliche Performance richtig wahrnimmt und sein Leistungsangebot kontinuierlich managt, hat einen nicht zu unterschätzenden Vorteil, unabhängig davon, ob Sie sich am Karrierestart oder in einem beruflichen oder persönlichen Veränderungsprozess befinden.

## 1.2 Marktwert – Meine Leistung stellt einen Wert dar

Sie unterliegen, ob Sie es wollen oder nicht, der Beurteilung Ihres beruflichen und privaten Umfelds. Aus dieser Beurteilung ergibt sich Ihr aktueller Marktwert für Ihr Unternehmen und Ihr Umfeld.

Wert für das private Umfeld? Ja, natürlich! Jeder nimmt in seinem persönlichen Umfeld eine Rolle ein. Zum einen ist da die persönliche Rolle bzw. das Image. Da gibt es den Clown, den Intellektuellen, den Netzwerker, den Begleiter und viele weitere Rollen. Aber auch der direkte Nutzen für eine Gruppe ist durchaus nicht zu unterschätzen. Beim Skat braucht man drei Personen. Fällt ein Spieler aus, muss eine Ersatzperson gefunden werden. Eine andere Person hat Zugang zu amerikanischen Golfplätzen und günstige Direktimportware aus den USA. Für eine Gruppe durchaus interessant und nutzbringend. Es lässt sich festhalten, dass sich die Attraktivität einer Person aus der persönlichen Sympathie und der Summe der Nutzenaspekte ergibt, privat wie auch beruflich. Im Unternehmen wird der „Marktwert" als Gehalt gezahlt, im Privaten durch Zugehörigkeit.

Der Marktwert unterliegt der Beurteilung durch den Markt, doch ist er persönlich beeinflussbar? Aus meiner Sicht ein klares JA. Der Aspekt Marktwert und die Steigerung desselben wird im Laufe des Buches, vor dem Hintergrund der fachlichen und persönlichen Kompetenzen näher erläutert (Abb. 1.1).

## 1.3 Wettbewerbsvorteile schaffen – Investitionen tätigen

Investitionen sind nicht nur Schlüssel für die Beeinflussung des Marktwertes, Investitionen sind für Ihr Karrieremanagement unabdingbare Grundvoraussetzung. Gestalten Sie Ihre Zukunft, gehen Sie kreativ mit sich als Produkt um und versuchen Sie, die selbst gesteckten Ziele zu erreichen. Nehmen Sie den Wettbewerb um die begehrtesten Plätze in der Wirtschaft auf. Wettbewerbsvorteile gegenüber anderen „Kandidaten" erleichtern die Erreichung gesteckter Ziele. Auf zwei Wegen ist die Schaffung von Wettbewerbsvorteilen zu erreichen: „Mache Dinge anders" oder „Mache ähnliche Dinge besser".

Im betrieblichen Leistungsprozess sind Investitionen Maßnahmen, um die Leistungsfähigkeit eines Unternehmens quantitativ oder qualitativ zu verbessern. Sie

**Abb. 1.1** Fachliche und persönliche Kompetenz

haben in dieses Buch investiert – ein erster guter Schritt. Doch wann haben Sie zuletzt in ein Seminar investiert, vielleicht sogar selbst finanziert oder sich mittels Urlaub an der Investition beteiligt? Wann haben Sie die Einladung eines Vortragsanbieters, einer Bank, eines Netzwerkes wahrgenommen, um etwas zu lernen oder um sich im Markt zu präsentieren? Die Themen waren zu weit entfernt von der täglichen Aufgabenstellung oder der Chef hat Sie nicht freigestellt? Nun, dann haben Sie eine gute Chance, noch weitere zehn Jahren auf der aktuellen Position zu verweilen. Natürlich ist dies ein zu einfaches „Schwarz-Weiß-Denken", doch ist es wirklich so abwegig?

Investieren Sie in sich selbst. Erweitern Sie Ihren Erfahrungshorizont und das individuelle Kompetenz- und Leistungsspektrum. Zeitverschwendung gibt es dabei nicht, denn selbst, wenn eine besuchte Veranstaltung mal nicht die erwarteten Informationen liefert, so nimmt man doch fast immer neue Impulse oder Erfahrungen mit. Nutzen Sie jede Gelegenheit, neue Themen aufzunehmen und neue Erfahrungen in teilweise weit abgelegenen Themengebieten zu machen. Nur so erhalten Sie die notwendige Basis, um sich neu zu entdecken, gegebenenfalls neu auszurichten und für den Markt attraktiv zu sein.

## 1.4 Wettbewerb

Im Wettbewerb gibt es Sieger und Verlierer – so weit nichts Neues. Wenn Sie sich in den Wettbewerb stürzen, dann sollte Ihr Handeln von einem Gedanken getrieben sein: „Ich will gewinnen". Aber Achtung, das heißt nicht Gewinnen um jeden Preis, wie es im Sport leider nach wie vor noch immer der Fall ist. Erfolgreicher

Wettbewerb ist geprägt durch die Achtung und den Respekt gegenüber dem Wettbewerber. Dadurch wird der Wettbewerb fair, nicht weniger intensiv, aber der Sieg ist wertvoller und die positiven Auswirkungen sind von Dauer.

Im Wettbewerb um die Top-Plätze in der Wirtschaft gilt es unternehmerisch zu denken. Akzeptieren Sie das Risiko, auch mal zu verlieren und einen falschen Weg beschritten zu haben. In diesem Punkt kann Deutschland von Amerika sicher lernen. Fehlerbewusstsein und Fehlertoleranz sind mit anhaltendem Erfolg unabdingbar verbunden. Haben Sie Lust auf Leistung und nutzen Sie die Chancen und den Spaß am Wettbewerb.

## 1.5 Marke und Image – unverwechselbar werden

Markenbildung ist heutzutage eines der populärsten Ziele von Unternehmen. Alles wird zur „Marke" – Produkte, Sub-Unternehmen und am besten gleich das ganze Unternehmen. Markenwahnsinn? Ich denke das ist nur teilweise richtig, denn ist eine Marke wirklich etabliert, so ist eine höhere Kundenwahrnehmung gewiss. Markenbildung erzeugt ein gesteigertes Vertrauen in das Produkt, das Unternehmen und ermöglicht nicht selten einen Preisaufschlag gegenüber dem Wettbewerb. Bestes Beispiel ist Apple. Apple hat es geschafft, dass die Marktwahrnehmung in das fast Unermessliche gestiegen ist. Allein die Einladung zu einer Produktpräsentation löst schon einen Hype aus. Für das Premium-Image „Apple" wird im Markt ein deutlicher Preisaufschlag bezahlt.

Doch zurück zu Ihnen. Sie etablieren sich als Marke entsprechend der im Marketing geltenden Regeln – durch Leistung und Persönlichkeit, Kommunikation und Präsenz. Im Personenmarketing heißt das Schlüsselwort „mentale Präsenz". Kommunizieren Sie Ihre Fähigkeiten, Stärken, Interessen und Aktivitäten gezielt. Erzeugen Sie einen Imagetransfer durch Dinge, die Sie tun, wie Sie diese tun und mit welchen Produkten Sie es tun. Erstes Ziel ist ein klares, für das Umfeld attraktives Image, das sich später als Marke manifestieren lässt.

Doch Achtung: Nicht alles vermeintlich Positive kommt auch so an. Ein Beispiel ist die Teilnahme an einem Marathon. Auf der positiven Seite stehen Enthusiasmus, Zielstrebigkeit, Durchhaltevermögen, optimale Vorbereitung und Leistungsfähigkeit. Die möglichen Kehrseiten sind die aufzuwendende Zeit und die Frage nach dem Fokus auf die betrieblichen Erfordernisse. Aber auch direkt „innerbetrieblich" gibt es gefährliche Images, so das Image „Arbeitsbiene". Dieses Image sagt nur etwas über Ihr Zeitinvestment aus. Über Ihre persönliche Performance und Kompetenz sagt es nichts aus – aber genau darauf basieren heute relevante Karrieren. Zeitinvestment allein ist nur etwas für Durchschnittsperformer.

## 1.6 Achterbahn oder Offroad – Entscheiden Sie richtig

Der Weg der klassischen Karriere, sprich die fremdbestimmte Karriere, ist vorbei. Setzen Sie sich nicht in eine bequeme Achterbahn und freuen sich über das fremdbestimmte Auf und Ab. Agieren Sie in der Zeit der Ausbildung und des Studiums, erschließen Sie Ihren Markt nach dem Markteintritt und platzieren Sie sich dort selbstbestimmt und eigeninitiativ. Entwickeln Sie Ihr Produkt durch gezielte Aktionen und Erfahrungen zu einem persönlichen Portfolio – und letztendlich zu einer persönlichen Marke. Entscheiden Sie sich für einen selbstbestimmten Weg, gehen Sie „offroad".

Das Buch möchte Sie auf diesem Weg begleiten, ein individuelles persönliches Marketing aufzubauen. Das folgende Kap. 2 vermittelt einige Grundlagen des Produktmarketings. In Kap. 3 wird dann die Entwicklung eines effektiven Personenmarketings Schritt für Schritt dargestellt. Um die Schritte so transparent wie möglich zu gestalten, möchte ich Ihnen mit Stephan S. eine virtuelle Person als Beispiel zur Seite stellen (Kap. 4). Der Quick Reference Guide (Kap. 5) fasst die Inhalte komprimiert zusammen. In Kap. 6 finden Sie eine Checkliste, mit der Sie Ihre persönliche Eigenpositionierung Schritt für Schritt entwickeln können. Eine PDF-Datei der Checkliste steht für Käufer des Ebooks als Download bereit. (Link: www.erfolgsfaktor-eigenpositionierung.de / Passwort: QRX1F7)

Viel Erfolg und viel Spaß bei dem wichtigsten Marketingplan Ihres Lebens.

## Weiterführende Literatur

Buzan, T. 1999. *Business mind mapping*. Berlin: Wirtschaftsverlag Ueberreuter.
Schierenbeck, H. 1995. *Grundzüge der Betriebswirtschaftslehre*. 12. Auflage. München: Oldenbourg Verlag.

# Rolle und Grundlagen des Marketings 2

> **Zusammenfassung**
>
> Dieses Kapitel beschäftigt sich kurz und prägnant mit der Grundidee des Produktmarketings, wofür Marketing steht, welche klassischen Aufgaben zugeordnet werden und wie ein Marketingplan aufgebaut ist.

## 2.1 Marketing – Definitionen und etwas Theorie

Nach Frederick Herzberg besteht die Grundidee des Marketings in dem Befriedigen von Kundenbedürfnissen, und zwar besser, als es die Konkurrenz tut. Marketing ist deshalb umfassender als „Verkauf" und etwa „Werbung" – sie sind im Marketingmix enthalten. Das betriebliche Marketing erfasst den gesamten Betriebsprozess, stellt also eine Führungskonzeption dar. Dies verdeutlicht die Bandbreite, aber auch die Reichweite des Marketings. Im Zentrum des Marketings stehen immer der Absatz, der Markt, der Kunde und dessen Bedarf, auf den sich alle Bestrebungen konzentrieren. Marketing ist mehr als nur eine neue Verpackung oder ein neuer Werbespot – es ist Denkhaltung, Unternehmensorientierung und -führung. Kurz, Marketing ist jede Aktivität, gerichtet auf die Identifizierung, Schaffung, Befriedigung und das Managen der Bedürfnisse bestehender und potenzieller Kunden. Und dies im Einklang mit den Visionen, Zielen und Werten eines Unternehmens. Soweit die Theorie, doch was bedeutet dies für die tägliche Praxis?

## 2.2 Marketing agiert

Marketing ist Kommunikation – interne und externe Kommunikation. Ein aktives Marketing ist essenzieller Bestandteil eines erfolgreichen Unternehmens, gerade in einer Zeit, in der sich viele Produkte mehr und mehr gleichen.

**Zukunft vordenken** Marketing beobachtet gesellschaftliche Entwicklungen und Trends. Zusammen mit Markttrends gilt es Strategien für die bestehende und zukünftige Produktpalette zu entwickeln.

**Wahrnehmung erzeugen** Nachfragesog zu erzeugen ist ein wichtiges Ziel jeder Strategie. In diesem Bereich steht die Produktentwicklung und Kommunikation im Mittelpunkt. Mittels klassischer Werbung und anderer Formen der Informationsvermittlung werden die eigenen Themen in den Markt gebracht und dort penetriert. Wichtiges Ziel ist es, abgestimmt auf die Ethik des Unternehmens, aufzufallen. Neues und Unerwartetes bewegt Menschen in besonderer Weise und geht sofort ins Gedächtnis. Bekanntes weckt Assoziationen und schafft eine Grundaufmerksamkeit. Die Werbung arbeitet deshalb in der Kommunikation zum einen mit bekannten Anteilen und zum anderen mit neuen und unerwarteten Anteilen. Prinzipiell gilt aber im Marketing ein von J. Trettin geprägter Spruch: „Wer nicht wahrgenommen wird, der existiert nicht."

**Bedarf erzeugen** Um Bedarf zu erzeugen, spielt die Positionierung eines Produktes eine wichtige Rolle. Basierend auf der Produktpositionierung wird in der Kommunikation versucht, das Produkt mit Assoziationen zu verknüpfen. Diese Assoziationen werden dann beim Gebrauch quasi auf den Verwender übertragen. Zu den am häufigsten verwendeten Assoziationen gehören Attraktivität, Innovation, Sportlichkeit, Dynamik, Qualität, Lebenslust und Selbstbewusstsein. Damit erweitert sich der Nutzen durch die Verwendung des Produktes um die assoziative Ebene. So steht nicht mehr nur die Produktfunktionalität allein im Mittelpunkt, sondern der Imagetransfer erlangt ebenfalls eine kaufentscheidende Bedeutung.

Apple – was für eine Erfolgsgeschichte! Apple hat es geschafft, bestehende Produkte (MP3-Player, Handy) quasi neu zu erfinden. Mit dem iPad wurde dann ein Produkt entwickelt, das neue Anwendungsmöglichkeiten eröffnete, die der Kunde bis dahin gar nicht vermisst hatte. Das ist Bedarfsweckung par excellence.

**Informieren und Penetrieren** Allein mit dem Entwickeln einer Strategie, einer Positionierung und einer geeigneten Assoziation ist es aber noch nicht getan. Kernbotschaften müssen in die gesamte Kommunikation, intern wie extern, Einzug finden.

**Nachfrage befriedigen** Ohne ein Produkt ist natürlich alles nichts. Das Marketing ist in vielen Unternehmen zumindest indirekt an der Planung von Absatz, Beschaffung und Produktion beteiligt, liegt doch in Marketing und Vertrieb das Wissen, um Trends sicher zu bewerten. Daneben obliegt dem Marketing, zusammen mit dem Vertrieb, auch die Entscheidung über die Auswahl von Absatzkanälen und Vertriebspartnern.

**Kundenbindung** Das Marketing ist auch in die Planung, Etablierung und Umsetzung von Kundenbindungsprogrammen involviert. Es gilt Kundengruppen zu segmentieren, Ziele zu setzen und Programme zur Bindung der Kunden aufzulegen. Eines der bekanntesten Kundenbindungsprogramme ist nach wie vor „Miles & More" der deutschen Lufthansa AG.

Zusammenfassend ist festzustellen, dass Marketing essenzieller Bestandteil jeder betriebswirtschaftlichen Aktivität im Unternehmen ist. Marketingentscheidungen sind und werden zunehmend zu einem übergeordneten Prozess mit Marktrelevanz und unternehmensinterner Relevanz. Deshalb erscheint eine organisatorische Verankerung des Marketing-Gedankens in allen Unternehmensbereichen als wünschenswert, wenn nicht gar notwendig.

## 2.3 Marketingplan

Erfolgreiche Unternehmen haben die Fähigkeit entwickelt, Marktveränderungen wie auch gesellschaftliche Trends rechtzeitig zu erkennen und entsprechende Strategien zu entwickeln, um von diesen Trends zu profitieren. Zentrales Element der Analyse und Marketingplanung ist der Marketingplan. Der Marketingplan ist Planungswerkzeug und Rückgrat jeder unternehmerischen Tätigkeit, vereinigt er doch nüchterne Markt- und Finanzanalysen mit unternehmerischen Zielen und Visionen. Häufig dient er nicht nur als Planungsinstrument, sondern auch als Kontrollinstrument für das Management. Der Marketingplan ist roter Faden für das operative und strategische Vorgehen innerhalb und außerhalb des Unternehmens. Er ermöglicht zu jedem Zeitpunkt den Vergleich des Erreichten mit den gesteckten Zielen. Er ist damit Leitfaden für das tägliche Agieren im Markt. Der Marketingplan enthält üblicherweise die nachgenannten Elemente.

1. Produktdefinition
2. Situations- bzw. Marktanalyse
3. SWOT-Analyse (Stärken, Schwächen, Chancen, Gefahren)
4. Marktsegmentierung

5. Zielformulierung
6. Positionierung
7. Strategie
8. Aktionsprogramm
9. Budgetplanung

## Weiterführende Literatur

Drosdowski, G. 1990. *Duden Fremdwörterbuch*. 5. Aufl. Dudenverlag.
Herzberg, F. 2001. *Mein Business-Plan*. 1. Aufl. Rudolf Haufe.
Schierenbeck, H. 1995. *Grundzüge der Betriebswirtschaftslehre*. 12. Aufl. Oldenbourg.
Wilkes, Malte W. 2002. *Die 7 Todsünden des Marketing*, ideetorial! 03/2002, IFAM Institut Düsseldorf.
Wöhe, G. 1990. *Einführung in die allgemeine Betriebswirtschaftslehre*. 17. Aufl. Verlag Franz Vahlen.

# Eigenpositionierung und Personenmarketing

**3**

### Zusammenfassung

Dieses dritte Kapitel enthält die zentralen Inhalte des Buches. Beschrieben werden die einzelnen Schritte der Erstellung Ihres persönlichen Marketingplans und Ihrer persönlichen Eigenpositionierung. Der Praxisbezug wird durch die virtuelle Person Stephan S. und eine Reihe von Beispielen aus der Industrie hergestellt.

Ihr persönlicher Marketingplan – das ist das Ziel, dem es sich nun zu widmen gilt. Er wird in diesem Kapitel Schritt für Schritt entwickelt. Lassen Sie sich darauf ein und nutzen Sie die Analysen, um etwas über sich selbst zu erfahren. Sie werden Ziele festlegen, eine Positionierungsaussage entwickeln und Aktionen definieren, die zur Erreichung Ihrer Ziele beitragen werden.

An dieser Stelle möchte ich Ihnen die fiktive Person Stephan S. vorstellen. Mit Stephan S. wird der Praxisbezug hergestellt und gleichzeitig dient er als anschauliches Beispiel, an dem Sie verfolgen können, wie sich das Personenmarketing für eine Person entwickeln lässt. Stephan S. wird Sie an seinen Analysen, Zielsetzungen und Strategien teilhaben lassen. In Kapitel 5 ist die Entwicklung bzw. das Personenmarketing von Stephan S. zusammenfassend dargestellt. Alle auf *Stephan S.* bezogenen Kommentare und Inhalte sind durch *kursiven Schrifttyp* kenntlich gemacht.

### Stephan S. – Profil und Ziel

*Stephan S. ist 35 Jahre alt und hat ein Studium der Chemie mit „gut" abgeschlossen. Da er über verschiedene Praktika Industriekontakte aufbaute, beschloss Stephan S., das Angebot eines Diagnostikherstellers anzunehmen, ergo auf eine Promotion zu verzichten. In diesem Unternehmen arbeitet Stephan S. seit nunmehr fünf Jahren in der Entwicklungsabteilung für Produkt- und Testsysteme. Dadurch ist er an der Schnittstelle zwischen Entwicklung und Produkthandhabung tätig. Sein*

**Abb. 3.1** Der Marketingplan

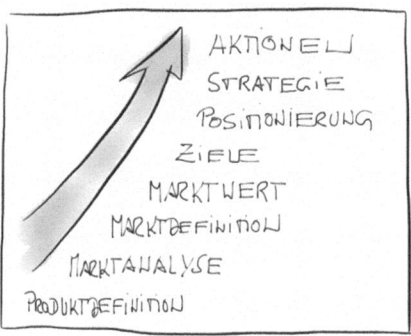

*Interesse gilt aber auch schon immer der Vermarktung und dem Vertrieb. Dieser mögliche Schritt in Richtung Vertrieb ist Motivation für Stephan S., die Prinzipien des Personenmarketings und der Eigenpositionierung systematisch anzuwenden.*

**Der Marketingplan im Personenmarketing** Zentrales Element im Personenmarketing ist der Marketingplan – der individuelle Plan für Ihr persönliches Vorgehen auf dem Weg, Ihre beruflichen Ziele zu erreichen. Der Marketingplan ist der rote Faden und Rückgrat Ihrer persönlichen Aktivitäten im Markt. Er ermöglicht zu jedem Zeitpunkt den Vergleich des Erreichten mit den gesteckten Zielen.

Der Prozess der Marketingplanung erfordert Offenheit und Ehrlichkeit gegenüber den Realitäten. Schrecken Sie vor keiner Wahrheit zurück, denn dies könnte zu schwerwiegenden Fehlausrichtungen führen. Die nachfolgend genannten Punkte werden systematisch abgearbeitet (Abb. 3.1).

- **Produktdefinition**: Wer bin ich?
- **Marktanalyse**: Wo kann ich Resultate erzielen?
- **Marktdefinition**: In welchem Markt möchte ich aktiv werden?
- **Marktwert**: Was bin ich „wert"?
- **Ziele**: Diese Ziele werde ich erreichen!
- **Positionierung**: Mein Image!
- **Strategie und Aktionen**: Mein Vorgehen!

## 3.1 Produktdefinition: „Wer bin ich?"

Die Frage nach dem „Wer bin ich?" ist die fundamentale Frage innerhalb der Produktdefinition. Hier wird die Basis für die gesamte Ausrichtung Ihrer Person in Bezug auf mögliche Ziele, Positionierung, Strategie und Aktionen gelegt. In diesem

Kapitel geht es deshalb um Wege und Methoden, sich selbst zu analysieren und die richtigen Schlüsse daraus zu ziehen. Im Vordergrund stehen die Themen:

- Stärken
- Werte
- Arbeitsweisen
- Persönlichkeit

Wer sich analysiert und seine Performance, also seine Leistungsfähigkeit, richtig einschätzt, hat einen nicht zu unterschätzenden Vorteil vom Start weg. Hauptaufgabe in der Produktdefinition ist es deshalb, die eigenen Stärken, Arbeitsweisen und Werte zu erkennen. In einem Artikel zum Thema Selbstmanagement hat Peter F. Drucker, ein genialer Managementvordenker, den Zusammenhang eindrucksvoll beschrieben: „Es ist gesichert, dass Menschen nur dann wirklich erfolgreich sind, wenn sie die Dinge tun können, die sie beherrschen, und zwar auf eine Weise, die ihnen liegt. Deshalb stellt sich unmittelbar die Frage: Was können Sie? Wie arbeiten Sie am liebsten?" Die erste Frage zielt auf Ihre Stärken ab. Die zweite auf Ihre Arbeitsweise und Ihre Werte. All dies sind Faktoren, die für Ihre Auftritte, Gespräche, Präsentationen und letztendlich für Ihren Erfolg am Arbeitsplatz von größter Bedeutung sind.

Im ersten Schritt geht es um die Analyse Ihrer fachlichen und persönlichen Kernkompetenzen. Zu fachlichen Kompetenzen zählen unter anderem Fachwissen, Ausbildungsschwerpunkte, Erfahrungen, Branchenkenntnisse und Methodenkompetenzen. Zu persönlichen Kompetenzen gehören Ihre Stärken, die Arbeitsweise und der Arbeitsstil, Kommunikation und Führungsverhalten, wie auch Ihre mentale Stärke.

## 3.1.1 Stärken

Jeder Mensch kann nur aus seinen Stärken Nutzen ziehen, da sich Leistung nicht auf Schwächen aufbauen lässt. Im betriebswirtschaftlichen Marketing werden über die sogenannte SWOT-Analyse Stärken (Strength), Schwächen (Weaknesses), Chancen (Opportunities), Gefahren (Threats) das Unternehmen, die Innovationsfähigkeit, das Produkt, das Image und die Leistungsfähigkeit der internen Teams kritisch beleuchtet. Dies geschieht, um aus Stärken Nutzen zu ziehen und relevante Schwächen, zum Beispiel durch organisatorische Veränderungen, zu beseitigen.

Auch in Personal- und Vorstellungsgesprächen wird nach Stärken und Schwächen gefragt. Macht das Sinn? Ja, natürlich, denn wegen der Stärken werden Sie eingestellt. Schwächen gilt es zu erkennen und zu beurteilen, ob diese die persönliche Leistung im Unternehmen behindern können. Jeder von Ihnen hat mehr oder weniger viele Stärken, aber auch eine unendliche Anzahl von Schwächen. Können Sie einen Airbus A300 fliegen? Können Sie Chinesisch und Japanisch sprechen? Nein? Sie werden mir zustimmen, dass diese Schwächen absolut irrelevant für Ihre Arbeit und Ihren persönlichen Erfolg sind. Es sei denn, Sie sind „Pilot" oder „Geschäftsführer Japan" eines deutschen Großkonzerns. Konzentrieren Sie sich auf Ihre Stärken. Schwächen sind nur dann relevant, wenn diese Ihre Stärken hemmen. Es gibt sicher eine Vielzahl verschiedener Möglichkeiten, die eigenen Stärken zu analysieren. Die folgenden drei Methoden sind leicht durchzuführen und versprechen ein gutes und realistisches Resultat:

1. Eigenbild-Analyse
2. Fremdbild-Analyse
3. Feedback-Analyse

### 3.1.1.1 Eigenbild-Analyse

Diese Analyse führen Sie anhand der nachfolgenden Fragen durch. Es ist sicherlich eine einfache Methode. Sie liefert dann gute Ergebnisse, wenn die Antworten nicht durch Wunschvorstellungen und persönliche Erwartungen verwässert werden. Gehen Sie deshalb offen und ehrlich an die Eigenbildanalyse heran und beantworten Sie die Fragen in Anlehnung an Ihr tägliches Handeln und Ihre Erfolge. Die Antworten ergeben ein Grundbild der Eigenschaften und Kompetenzschwerpunkte, durch die Sie charakterisiert werden.

- **Werte**: Diese Werte (z. B. Offenheit, Ehrlichkeit, Menschenachtung) charakterisieren mich!
- **Persönlichkeit**: Welche Persönlichkeitsmerkmale charakterisieren mich? Ich bin!
  (z. B. offen, initiativ, gewissenhaft, kommunikativ, stetig, dominant, beharrlich)
- **Vorgehensweise**: So gehe ich Aufgaben an!
  (z. B. strukturiert, intuitiv, analytisch, schnell und pragmatisch, ergebnisorientiert)
- **Kompetenzen**: Wofür werde ich gelobt, wofür bekomme ich Komplimente?
  (z. B. meine offene Art, mein technisches Wissen, meine Art Konflikte zu lösen)
- **Kompetenzen**: Zu welchen Themen wird um mein Input oder meine Hilfestellung gebeten? (z. B. bei technischen Fragen, wenn Ideen gebraucht werden, wenn etwas zu beurteilen ist, wenn es um die Optik geht, bei hochkomplexen Fragestellungen)
- **Kompetenzen**: Diese fachlichen Kompetenzen besitze ich!
  (z. B. hohes technisches Verständnis, das Erkennen von Strukturen, Marktkenntnisse)

## 3.1 Produktdefinition: „Wer bin ich?"

- **Arbeitsweise**: So nehme ich Informationen auf!
- **Arbeitsweise**: So arbeite ich mit anderen Personen zusammen!
- **Arbeitsweise**: In dieser Rolle und in diesem Umfeld arbeite ich erfolgreich!
- **Projekte**: Welche Stärken haben dazu beigetragen, dass Projekte erfolgreich waren?
  (z. B. sehr gutes Projektmanagement, meine Strukturiertheit, meine guten Ideen, meine beharrliche Umsetzung)
- **Kommunikation**: Mit wem kommuniziere ich am liebsten?
  (z. B. Technikern, Vertrieb, Marketing, Controller, Freunden, internationalen Kollegen)
- **Kommunikation**: Wer versteht mich am besten?
  (z. B. Techniker, Vertrieb, Marketing, Controlling, Freunden, internationale Kollegen)
- **Kommunikation**: So kommuniziere ich!
  (z. B. offen, zurückhaltend, herausfordernd, aggressiv, abwartend, Fakten betonend)

---

**Stephan S. – Zusammenfassung der Eigenbild-Analyse**

*Stephan S. charakterisiert sich selbst (Eigenbild-Analyse) als offen, kommunikativ, initiativ, strukturiert und gewissenhaft. Ein hohes fachliches Know-how und eine ausgezeichnete Produktkenntnis, wie auch die Kenntnis innerbetrieblicher Abläufe sieht er als seine Stärken an. Stephan S. besitzt Grundlagenwissen in der Betriebswirtschaftslehre. Noch keine Erfahrungen hat er im Bereich Vertrieb oder mit Vertriebstechniken sammeln können. Die Kommunikation mit dem Vertrieb und dem Marketing fällt ihm nicht schwer. Dennoch spricht er besonders gern über eher fachlich-technische Themen.*

### 3.1.1.2 Fremdbild-Analyse

Diese Analyse erschließt für Sie das Bild, das andere Personen von Ihnen haben. Der beste Weg, um etwas über das eigene Fremdbild zu erfahren, ist FRAGEN. Fragen Sie Freunde, Bekannte und das nähere Umfeld nach deren Einschätzung zu Ihrer Person. Fordern Sie wirkliche Offenheit und informieren Sie die Befragten über den Hintergrund Ihres Interesses. Wenn Ihr Gegenüber erkennt, dass es um etwas wirklich Wichtiges geht, sind die Einschätzungen Ihres Gegenübers zumeist recht nah an der Wirklichkeit. Achten Sie bei dieser Analyse darauf, dass Sie nicht nur Menschen befragen, die auf Ihrer persönlichen Wellenlänge liegen. Befragen Sie auch Personen, die einen anderen Persönlichkeitstyp repräsentieren. Um gute Resultate zu erzielen, ist das Befolgen der nachfolgenden Regeln hilfreich:

- Bewusst nach den Stärken fragen
- Abdriften in das Aufreihen von Schwächen vermeiden
- Konkretheit erbitten – gegebenenfalls gezielt nachfragen
- Verteidigen Sie sich nicht, denn das lenkt vom Thema ab.
- Erst nach dem Feedbackgespräch erfolgt das Einordnen und Reflektieren
- Feedback ist keine Einbahnstraße.
- Signalisieren Sie Dankbarkeit für diese wichtigen Informationen.

**Stephan S. – Fremdbild-Analyse**

*Um ein komplettes Bild über sich zu erhalten, informierte sich Stephan S. auch in seinem Umfeld (Fremdbild-Analyse) bezüglich seiner Stärken und darüber, wie er von anderen gesehen wird. Er befragte Freunde, Kollegen, seinen Business-Coach und seinen Vorgesetzten.*

**Freunde**
- *Du hast tolle Ideen und verkaufst die wirklich gut.*
- *Du und Vertrieb, das passt doch sowieso besser zu Dir als ein graues Labor.*
- *Immer gerade heraus, das ist Stephan.*
- *Du bist ein „Überzeuger" und findest immer gute Argumente.*
- *Du bist sehr kommunikativ.*
- *Du kannst Dinge verständlich beschreiben und visualisieren.*

**Kollegen**
- *Angenehm und konsequent. Strukturiert und wirklich kompetent.*
- *Offenes Ohr für die Belange anderer, ohne zu manipulieren.*
- *Manchmal etwas detailbesessen.*
- *Offen für Neues.*
- *Du bist eine „gewissenhafte Initiativkraft".*

**Business-Coach (erfahrener Seniormanager)**
- *Wo wollen Sie hin?*
- *Sie verkaufen Ihre Ideen gut!*
- *Können Sie auch die Ideen anderer verkaufen?*
- *Verkaufsdruck – werden Sie dem täglich standhalten?*

**Vorgesetzter**
- *Sie haben Produkte durch Ideen weitergebracht.*
- *Sie setzen Projekte sehr zielstrebig und mit Nachdruck durch.*
- *Für mich sind Sie die „zielstrebige und positiv kompetente Persönlichkeit".*

### 3.1 Produktdefinition: "Wer bin ich?"

**Zusammenfassung des Fremdbildes:**
*Stephan S. fasst sein Fremdbild mit folgenden Schlagworten zusammen:*
- *Ideengeber*
- *Umsetzer und Überzeuger*
- *Zuhörer, der die Wünsche anderer erkennt*
- *Kompetent, kommunikativ, konsequent, initiativ*
- *Zielstrebig, strukturiert, gewissenhaft*

*Stephan S. erkennt viele Adjektive wieder, mit denen er sich ebenfalls gern selbst beschreibt. Für ihn besonders wichtig ist die Bestätigung seiner Know-how-basierten Vorgehensweise. Positiv überraschten ihn die beiden Adjektive konsequent und zielstrebig. Da er diese Punkte als sehr wichtig erachtet, wird er beide Punkte in „sein Bild" aufnehmen.*

#### 3.1.1.3 Feedback-Analyse

Mit der Feedback-Analyse ermittelt man das analytische Eigenbild. Diese Methode fußt auf der Idee, dass durch Reflexion der Resultate abgeschlossener Projekte eigene Stärken sichtbar werden. Die Methode setzt voraus, dass im Vorfeld von Projekten die Ziele, die Erwartungen, die Limitierungen und der geplante Ablauf festgehalten werden. Die Feedback-Analyse wurde im 14. Jahrhundert entwickelt. Etwa 150 Jahre später wurde sie von Johannes Calvin, Begründer der calvinistischen Kirche und Ignatius von Loyola, Begründer des Jesuitenordens angewandt. Beide Institutionen herrschten im Europa des 16. Jahrhunderts über drei Jahrzehnte. Motivation für die Anwendung der Feedback-Analyse war der Drang, sich stetig zu verbessern, eigene Stärken und Schwächen zu erkennen und entsprechend zu handeln. Sie werden herausfinden, was Sie tun müssen, um das volle Potenzial Ihrer Stärken auszuschöpfen oder was Sie bislang zu tun versäumten.

Die Vorgehensweise ist denkbar einfach. Sobald Sie eine Entscheidung, ein wichtiges Projekt oder eine Aufgabe managen müssen, gehen Sie wie folgt vor:

**Schritt 1: „Vor dem Projektstart"**
- Notieren Sie Ihre Ziele und Ihre Erwartungen.
- Notieren Sie den geplanten Weg und die Limitierungen bzw. Hindernisse, die Sie erwarten.
- Notieren Sie die Auswirkungen, mit denen Sie rechnen.

**Schritt 2: Projektstart „plus6" Monate** Reflektieren Sie nach 6 bis 12 Monaten und vergleichen Sie die notierten Erwartungen mit den wirklichen Resultaten. Sie werden erkennen, wie wertvoll diese Analyse ist. Das so gewonnene analytische Eigenbild liefert folgende Informationen:

- Wen verstehe ich?
- Mit wem arbeite ich gut und erfolgreich zusammen?
- Welche Persönlichkeitstypen muss ich mehr einbeziehen?
- Was hemmt mich?
- Wo liegen meine Stärken?
- Wie arbeite ich (Arbeitsweise)?
- Welche Kompetenzen besitze ich?
- Warum war ich erfolgreich?
- Was habe ich getan, um mein volles Potenzial auszuschöpfen?

Für eine befreundete Produktmanagerin war das wichtigste Ergebnis die Erkenntnis, dass sie Zeitpläne zu optimistisch plante. Die Analyse zeigte, dass Probleme auftraten, die ihre Ursache in einer zeitlich zu optimistischen Projektplanung und in einer ungenügenden Projektkommunikation hatten. In späteren Projekten berücksichtigte sie die Ergebnisse. Durch eine realistische Planung und die geschickte Kommunikation von relevanten Hintergründen erhöhte sie die Identifikation aller beteiligten Abteilungen und vermied dadurch Verzögerungen in den Projekten. Sie schloss die nächsten Projekte allesamt im geplanten Zeitraum erfolgreich ab.

Nach meinen persönlichen Erfahrungen kann diese Methode auch hilfreich sein, wenn Sie das ein oder andere Projekt aus der Vergangenheit im Nachhinein analysieren. Auch ich wende die Methode seit gut zehn Jahren an und habe dadurch wichtige Punkte über mich erfahren.

**Stephan S. – Feedback-Analyse**

*Durch die Analyse des Ablaufs von Projekten (Feedback-Analyse) hat Stephan S. viel über sich gelernt. Er hat auf der Basis der analysierten Projekte die Analysefragen beantwortet. Diese sind in der Zusammenfassung (Kap. 5) beschrieben.*

*Sein Erfolg in Entwicklungsprojekten basiert auf seinem ausgeglichenen und erfahrenen Umgang mit Menschen, seiner Qualität als guter Zuhörer und der Fähigkeit, Zusammenhänge einfach zu erklären und zu visualisieren. Häufig brachte er Projekte oder Diskussionen durch seine Fähigkeit, zuzuhören und immer wieder neue Wege und Ideen zu finden, entscheidend voran. Seine früh entwickelte Diskussions- und Verhandlungssicherheit hat ihm schon viel Erfolg in Meetings beschert.*

### 3.1.2 Wie optimiere ich das Produkt „ICH"?

Die Eigen- und Fremdbildanalysen geben Ihre Stärken betreffend eine Reihe von wichtigen Informationen preis. Außerdem zeigen die Analysen Limitierungen

## 3.1 Produktdefinition: „Wer bin ich?"

auf, die Erfolge verhindert haben. Sollten Sie jetzt unverzüglich daran gehen, Ihre Schwächen mit hohem Aufwand abzubauen? Ein klares „Nein". Bevor Sie versuchen, an nicht relevanten Schwächen zu arbeiten, empfiehlt es sich, an den Stärken zu arbeiten, um hier echte Spitzenleistungen zu erreichen.

▶ „Es fordert mehr Energie, sich von Inkompetenz
zu Mittelmaß emporzuarbeiten,
als von erstklassiger zu außergewöhnlicher Leistung."
(Peter F. Drucker, Ökonom und Pionier der modernen Managementlehre)

**Konzentrieren Sie sich auf Ihre Stärken!** Vergessen Sie die übliche Stärken-Schwächen-Diskussion. Sie persönlich sind im beruflichen Umfeld erfolgreich und attraktiv wegen Ihrer Stärken und nicht wegen Ihrer Schwächen. Konzentrieren Sie sich deshalb auf Ihre Stärken und bauen Sie diese bewusst aus.

- Verbessern Sie Ihre Fähigkeiten.
- Gewinnen Sie relevante, in der Zukunft notwendige Fähigkeiten hinzu.
- Vermeiden Sie aber auch eine Überbetonung, denn Überbetonung macht aus Stärken Schwächen.

Die einzige Ausnahme sind „die Stärken hemmende Schwächen". Kann ein CEO nicht reiten, so stellt dies keine relevante Schwäche dar. Hat er aber Probleme, Präsentationen frei und inspirierend zu halten, so sollte er daran arbeiten, denn diese Schwäche wirkt sich negativ auf seine Kommunikationsfähigkeit aus und diese ist für einen CEO fast „lebenswichtig". Allgemeine, besonders aber beruflich hemmende Schwächen sind Ignoranz, schlechte Gewohnheiten und schlechte Manieren.

**Methodenkompetenz aufbauen!** Mangelnde Methodenkompetenz kann dazu führen, dass Stärken wirkungslos bleiben. Ursachen für die Limitierung Ihrer Stärken kann eine schwache oder nicht ausreichende Ausprägung der folgenden Fähigkeiten sein:

- Kommunikationsfähigkeit
- Zeit- und Selbstmanagement
- Präsentations- und Redefähigkeit
- Moderationsfähigkeit
- Rhetorik

Dazu kommen wichtige Kompetenzen wie die emotionale und soziale Intelligenz. Zusammen mit einer angemessenen Höflichkeit und Aufmerksamkeit gegenüber allen Mitarbeitern eines Unternehmens wirken die emotionale Intelligenz und die soziale Kompetenz wie Öl in einem Radlager.

**Wissenslücken schließen – Überblick gewinnen!** Auch Wissenslücken können Stärken behindern. Bauen Sie deshalb, abgestimmt auf Ihr berufliches Umfeld, Wissenslücken ab. Dazu gehören zum einen echte intellektuelle Wissenslücken. Zum anderen empfinde ich es als wichtig, dass sich jeder Manager und jede Managerin ein Basiswissen über den Kern der Geschäftstätigkeit und die Art der Aufgaben der verschiedenen Abteilungen aneignet. Spezialisten mit einem guten Überblick über das Unternehmen und Generalisten mit einer relevanten Spezialisierung sind die Top-Kräfte von morgen.

Unternehmen können dies durch ein gezieltes E-Learning für alle Mitarbeiter unterstützen. Ein „Basis-Level" kann so gestaltet werden, dass es grundlegende Informationen zum Unternehmen, den Produkten und dem Markt abdeckt. Damit wird sichergestellt, dass JEDER Mitarbeiter, vom Lagerarbeiter bis zum Manager, ein einheitliches Basiswissen hat und so weiß, was das Unternehmen im Kern tut.

**Arbeitsweisen sind wichtig!** Die Arbeitsweise eines Menschen beschreibt, wie der Mensch arbeitet, d. h. wie er lernt, Informationen aufnimmt und seine Arbeit erledigt. Die Arbeitsweise basiert auf Stärken, Erfahrungen und der Persönlichkeit. Sie ist immer einzigartig und individuell.

Viele Menschen wissen nicht, wie sie arbeiten. Nur wenn man sich seiner individuellen Arbeitsweise bewusst ist, können bewusst Optimierungen vorgenommen werden. Um wirklichem Erfolg den Weg zu bereiten, sollten Sie folgende Fragen für sich beantworten können. Diese Fragen ergründen die Charakterzüge Ihrer Arbeitsweise:

- Wie nehme ich Informationen (Lesen, Hören) auf?
- Wie lerne ich (Lesen, Hören, Schreiben, Reden, Anwenden)?
- Wie und mit wem arbeite ich erfolgreich zusammen?
- In welcher Rolle (Ausbilder, Berater, Umsetzer, Vorbereiter, Entscheider) bin ich effektiv?
- In welchem Umfeld, in welchen Unternehmensstrukturen arbeite ich erfolgreich?

▶ „Menschen bringen etwas zustande, indem sie das tun, was
   sie können und indem sie so arbeiten,
   wie sie es am besten können."
   (Peter F. Drucker, Ökonom und Pionier der modernen Managementlehre)

3.1 Produktdefinition: „Wer bin ich?"

Allerdings ist nicht nur die eigene Arbeitsweise relevant für den persönlichen Erfolg. Gerade auch die Kenntnis der Arbeitsweise der direkten Kollegen, Mitarbeitern oder Vorgesetzten ist oft von Bedeutung.

- Welche Aufgaben gebe ich welchem Teammitglied?
- Gebe ich nur ein Ziel vor oder möchte ich auch den Weg dorthin bestimmen?
- Wie bereite ich Daten und Informationen so vor, dass mein Vorgesetzter diese auch leicht verstehen und aufnehmen kann?

▶ Fordern Sie das Richtige und liefern Sie das Richtige.
Damit ist die Leistungsfähigkeit der Abteilung gesichert, und Ihrem persönlichen Erfolg der Weg bereitet.

### 3.1.3 Werte

Wer sich selbst managen will, muss sich im Besonderen auch über seine Wertvorstellungen bewusst sein. Die Frage nach den Wertvorstellungen ist für mich die Ultima Ratio. Die meisten Menschen verlassen Unternehmen nicht, weil sie inkompetent sind oder ihre Arbeit nicht bewältigen. Die meisten Menschen verlassen ein Unternehmen, weil Wertvorstellungen im zwischenmenschlichen oder im Bereich der Unternehmenswerte nicht mit den eigenen Werten übereinstimmen.

▶ „Wer sich selbst managen will,
muss sich seiner Wertvorstellungen bewusst sein."
(Peter F. Drucker, Ökonom und Pionier der modernen Managementlehre)

Was ist zu tun? Was ist die Zielvorstellung? Das Ziel ist die Balance zwischen Wertvorstellungen herzustellen (Abb. 3.2). Unter Balance verstehe ich nicht eine hundertprozentige Übereinstimmung der Werte, denn sonst fehlt in der Organisation die Vielfalt. Eine Mindestforderung in puncto Balance ist aber, dass sich die Wertvorstellungen zwischen Arbeitnehmer und Unternehmen in den wesentlichen Punkten nicht widersprechen. Dies sichert die eigene Leistungsfähigkeit, die der Gruppe und des Unternehmens.

**Stephan S. – Werte**

*Stephan S. weiß, dass Wertvorstellungen von Unternehmen, Management und Mitarbeitern kompatibel sein sollten. Bisher hatte er nie Anlass zur Sorge. Den-*

**Abb. 3.2** Unternehmens- und persönliche Werte

noch analysiert er seine persönlichen Wertvorstellungen, wie auch das Wertesystem des Unternehmens. Dazu benutzt er neben der eigenen Einschätzung auch die Ergebnisse der Fremdbild-Analyse. Die Resultate seiner Analyse bestätigten Stephan S. darin, dass er genau in dem richtigen Unternehmen tätig ist.

**Persönliche Wertvorstellungen von Stephan S.**
- *Menschen und Meinungen achtend*
- *Ehrlichkeit*
- *Nicht manipulierend*
- *Offenheit für Belange anderer Menschen*
- *Kritikfähig*
- *Teamorientierung*

**Werte des Unternehmens/des Arbeitgebers**
- *Umweltfreundliche Produktion innovativer, sicherer und kostengünstiger Diagnostika*
- *Der Mensch steht im Mittelpunkt.*
- *Achtung vor Mitarbeitern und deren Meinungen*
- *Offenes Kommunikationsklima*
- *Verpflichtet gegenüber Kunden, Mitarbeitern, Aktionären und Lieferanten*
- *Partnerschaftliche Personal- und Informationspolitik*

### 3.1.4 Persönlichkeit

Sich der eigenen Persönlichkeit bewusst zu sein und andere Menschen in ihrer Persönlichkeit zu verstehen, ist ein wichtiger Erfolgsfaktor, nicht nur für Führungskräfte. Menschen zu führen beginnt aber immer damit, „sich selbst zu führen". Es ist inzwischen anerkanntes Wissen, dass das Persönlichkeitsprofil und die Aufgabe zusammenpassen müssen. Deshalb ist es eine lebenslange Aufgabe, Menschen und Situationen, sowie Persönlichkeiten (Stärken) und Situationen (Anforderungen) zur Deckung zu bringen.

▶ Stärken, Arbeitsweisen, Werte und Persönlichkeit
bilden eine Einheit!

Um den Menschen in seiner Gesamtheit zu erfassen, sind in der Psychologie verschiedenste Persönlichkeitsbeschreibungen und Persönlichkeitstests entwickelt worden. Die Bandbreite reicht von eher einfach konstruierten Tests bis hin zu von Psychologen entwickelten Tests. Zur zweitgenannten Gruppe gehören etablierte Methoden wie der MBTI-Test [Myers Briggs Type Indicator] und das sogenannte DISG®-Persönlichkeitsprofil. Nahezu alle Tests und Profile basieren auf verhaltenspsychologischen Arbeiten des Schweizers C. G. Jung.

Das DISG®-Persönlichkeitsprofil fußt auf der Reaktion einer Person auf eher günstige und eher feindliche Umgebungen. Dieser ausgesprochen leicht durchzuführende Test nutzt ein Vierquadranten-Modell, um vier verschiedene Verhaltensstile (dominant, initiativ, stetig und gewissenhaft) zu charakterisieren. Nachfolgend eine kurze Beschreibung der unterschiedlichen Persönlichkeitstypen. Auf einer ähnlichen wissenschaftlichen Basis beruht das Persolog-Persönlichkeits-Modell nach Friedbert Gay (Das DISG® Persönlichkeits-Profil):

▶ **Dominante Verhaltenstendenz** Menschen mit dominantem Verhaltensstil sind motiviert, Probleme zu lösen und schnelle Ergebnisse zu erreichen.

▶ **Initiative Verhaltenstendenz** Menschen mit initiativem Verhaltensstil sind motiviert, andere zu überzeugen und zu beeinflussen. Sie sind offen und drücken ihre Gedanken und Gefühle meist optimistisch aus.

▶ **Stetige Verhaltenstendenz** Menschen mit stetigem Verhaltensstil sind motiviert, ein berechenbares Umfeld zu schaffen. Sie sind geduldige und gute Zuhörer.

▶ **Gewissenhafte Verhaltenstendenz** Menschen mit gewissenhaftem Verhaltensstil sind motiviert, hohe Standards zu erreichen. Weil diese Personen Ärger vermeiden möchten, achten sie auf Präzision und Genauigkeit.

Die Analyse der Persönlichkeitsstruktur von Kollegen, Mitarbeitern und Vorgesetzten ist ebenfalls leicht möglich und erlaubt das optimale Einsetzen von Mitarbeitern und eine Optimierung der eigenen Kommunikation. Zusammenfassend lässt sich der praktische Nutzen der Anwendung von Persönlichkeitsprofilen wie folgt beschreiben:

- Bewusstmachen der eigenen Bewertungs- und Wahrnehmungsprozesse
- Erkennen, wie meine Umwelt mich wahrnimmt
- Besseres Verständnis des eigenen Denkens und Handelns, wie auch das anderer Menschen
- Analyse der Kommunikations- und Beziehungsdynamik zwischen Kollegen, Mitarbeitern und Vorgesetzten
- Analyse und Optimierung der eigenen Kommunikation
- Optimierung der Verhaltens- und Argumentationsweise im Umgang mit Menschen unterschiedlicher Persönlichkeitsstruktur

**Stephan S. – Persönlichkeit**

*Um seine Produktanalyse abzurunden, beschäftigt sich Stephan S. zuletzt mit der Analyse seiner Persönlichkeit und möchte die Ergebnisse eines Persönlichkeitstests mit dem bisher Analysierten vergleichen. Stephan S. benutzt einen Persönlichkeitstest aus den Unterlagen eines besuchten Seminars, um seine Persönlichkeit zu analysieren. Der Test beschreibt ihn wie folgt:*

- *Verwendet kreative Ideen, um sie für praktische Zwecke einzusetzen*
- *Zeigt Verständnis für Menschen*
- *Bestimmt, aber nicht aggressiv*
- *Initiative, gewissenhafte Vorgehensweise*
- *Drang, Ergebnisse zu erzielen*
- *Gewinnen, aber mit Stil*
- *Sinn für Wettbewerber*
- *Erreicht Ziele durch Menschen*
- *Kritischer Denker*
- *Wortgewandt*

### 3.1.5 Zusammenfassung – Produktdefinition

Die Produktdefinition ist die Basis für ein erfolgreiches Managen der eigenen Person. Dazu ist es unabdingbar, sich seiner Stärken, Arbeitsweisen und Werte im Klaren zu sein. Nutzen Sie dazu die Eigenbild-Analyse, wie auch die Informationen, die Ihnen Ihr Umfeld liefert (Fremdbild-Analyse). Die diskutierte Feedback-Analyse geht aufgrund der retrospektiven Projektanalyse analytisch an das Eigenbild heran.

Wichtig für das Nutzen Ihrer Stärken und die Entwicklung Ihrer persönlichen Performance ist die Kenntnis der Stärken und die Beseitigung lediglich der Schwächen, die die persönlichen Stärken hemmen. Eine Schwäche allein ohne negative Wirkung auf Ihre Stärken muss nicht notwendigerweise beseitigt werden.

Wertvorstellungen sind die Ultima Ratio. Wer sich selbst managen will, muss sich seiner Wertvorstellungen bewusst sein. Analysieren Sie Ihr Wertesystem und das des Unternehmens, in dem Sie tätig sind oder zukünftig tätig sein möchten. Ziel ist die Herstellung der Balance der persönlichen Werte und der Werte der Organisation bzw. des Unternehmens.

Sich der eigenen Persönlichkeit bewusst zu sein, ist ein weiterer Erfolgsfaktor. Dies gilt für das Privatleben wie das Geschäftsleben gleichermaßen. Der Mensch ist charakterisierbar durch seine Persönlichkeit, die sich in seiner Handlungsweise und seinen Qualitäten und Stärken widerspiegelt. Es gilt die eigene Persönlichkeitsstruktur zu ergründen, um das volle Potenzial der eigenen Person kennenzulernen und für sich und ein Unternehmen nutzbar zu machen.

Mit einer innerhalb der Produktdefinition gut und konsequent durchgeführten Analyse des eigenen Ichs schaffen Sie die Basis für alle weiteren Schritte auf dem Weg zu einer wirkungsvollen Eigenpositionierung.

## 3.2 Umfeldanalyse

Die Marktanalyse ist eine wichtige Basis für alle unternehmerischen Entscheidungen. Deshalb ist eine intensive Marktanalyse auch im Personenmarketing von herausragender Bedeutung für den angestrebten Erfolg. In diesem Kapitel werden die folgenden Bereiche benannt und kommentiert:

- Marktanalyse
- Analysen von Branchen, Unternehmen und deren Kunden
- Analyse des Wettbewerbsumfeld

### 3.2.1 Allgemeine Marktanalyse

Die Marktanalyse ist im Personenmarketing von herausragender Bedeutung für den angestrebten Erfolg. Auf dem Ergebnis der Marktanalyse fußt die Entscheidung, in welchem Markt und an welche Zielgruppe ein Unternehmen ein Produkt vermarkten will. Das gleiche gilt uneingeschränkt auch für Sie als Manager der eigenen Person.

**Mikro- und Makro-Analyse** In der Makro-Analyse werden das sozioökonomische Umfeld, demoskopische Daten sowie das globale und regionale Marktumfeld analysiert.

In der Mikro-Analyse werden marktbezogene Wirtschaftsdaten, einzelne Marktsegmente, Produkte und Wettbewerber näher betrachtet. Ziel ist das Erkennen von Trends und deren Bedeutung für den Markt und die eigenen Vorgehensweise. Datenquellen sind das Internet, Verbände, Bücher, Firmenreports, Literatur, das Statistische Bundesamt, das IW-Köln und staatliche Organe. Eigene Nachforschungen sind zum Erschließen echter Insiderinformationen aus Unternehmen (Kommunikationsstil, Führungsstil, Chancen) durchaus anzuraten.

**SWOT-Analyse** Die SWOT-Analyse ist eine klassische Analyse in Unternehmen. Sie beleuchtet Stärken (S = Strength), Schwächen (W = Weaknesses), Chancen (O = Opportunities) und Risiken (T = Threats). Die SWOT-Analyse kann alle Bereiche des Unternehmens (Produkte, Prozesse, Vorgehensweisen) einbeziehen. Stärken und Schwächen bilden die Basis für das Durchführen zeitnaher Aktivitäten. Chancen und Risiken beziehen sich eher auf in der Zukunft möglicherweise eintretende Ereignisse.

### 3.2.2 Marktanalyse und Personenmarketing

Die Marktanalyse im Personenmarketing bildet die Basis für die Erarbeitung eines klar erkennbaren, einzigartigen Bildes Ihrer Person. Sie eröffnet ein tieferes Bild über den Markt und Ihre Wettbewerber und befördert die persönliche Entscheidung, in welchem Markt bzw. in welcher Branche man aktiv werden will. Durch sie erkennt man Chancen und es wird klar, an welche Unternehmen das persönliche Produkt bzw. das persönliche Leistungsspektrum am besten verkauft werden kann, oder aber in welcher Branche die Leistung am stärksten nachgefragt und geschätzt wird. Zusammen mit der Produktdefinition sind Sie damit bestens vorbereitet, um wichtige Fragen beantworten zu können.

> - Welche Stärken besitze ich?
>   Bin ich für den Wettbewerb richtig präpariert?
>   Mit was kann ich mich gegenüber dem Wettbewerb abgrenzen?
>   In welcher Branche kann ich Erfolge erzielen?

Die Marktanalyse im Personenmarketing hält zwei Aufgaben bereit: zum einen die Analyse von Märkten und Firmen, in denen man mit seinem Portfolio erfolgreich tätig werden könnte; zum anderen die Analyse der Wettbewerber, die um ähnliche Positionen mit Ihnen im Wettbewerb stehen.

### 3.2.3 Märkte und Unternehmen

Große Bedeutung für den Erfolg im Berufsleben hat die Entscheidung, für welches Unternehmen man tätig wird. Die Identifizierung zukunfts- und wachstumsträchtiger **Branchen** ist wichtig, denn in diesen bieten sich interessante Aufgaben und gute Entwicklungschancen. Deshalb sind die Wahrnehmung von Trends und die Beurteilung aktueller Wirtschaftsdaten von großer Bedeutung. Haben sich einige Branchen als attraktiv erwiesen, gilt es diese weiter zu analysieren. Die Wirtschaftspresse stellt eine gute Quelle dar. Der Besuch von Messen und Wirtschaftsforen kann ebenfalls wichtige Informationen liefern. Zumeist erhält man durch ein entsprechendes Auftreten Zugang zu fast jeder Messe. Eine andere Möglichkeit ist das Kontaktieren eines Ausstellers, mit der Bitte, eine Messeeinladung und damit den Zugang zur Messe zu erhalten. Nutzen Sie diese Möglichkeiten und erkunden Sie die Trends und den Entwicklungszyklus unterschiedlicher Branchen. Folgende Fragen sind zu beantworten:

- Ist die Branche im Umbruch?
- Ist die Branche in einer Entwicklungs- und Expansionsphase?
- Ist die Branche geprägt durch Kostenreduktion?
- Ist die Branche geprägt durch Firmenzusammenschlüsse?
- Welche Art von Kunden hat die Branche?
- Welchen Herausforderungen steht die Branche gegenüber?
- In welcher Wettbewerbssituation befindet sich die Branche?

Die Kenntnis der **Kunden einer Branchen** ist ebenfalls von Bedeutung. Ein eindrucksvolles Beispiel bietet die Pharmaindustrie. Die Pharmaindustrie fokussiert je nach Produkt auf teilweise unterschiedlichste Kundengruppen. In Kliniken sind es Chef- und Oberärzte, Pflegepersonal und der zunehmend professioneller werdende Einkauf. Im Bereich verschreibungspflichtiger Medikamente stehen neuerdings die Krankenkassen (Rahmenverträge) im Fokus. Haus- und Fachärzte, sowie Apotheken sind in den letzten Jahren eher aus dem Fokus gerückt. Bei freiverkäuflichen Medikamenten steht der eigentliche Verbraucher im Zentrum der Aktivitäten.

▶ Neue Anforderungen und neue Marktgegebenheiten erfordern das aktive Anpassen von Kompetenzen!

An diesem Beispiel wird deutlich, wie unterschiedlich Anforderungs- und Kompetenzprofile sein können; wie sich diese aber auch verändern können. Durch Rahmenverträge mit Krankenkassen hat der Pharma-Außendienst eine neue Zielgruppe erhalten. Resultat war zunächst die Reduzierung, später die Streichung vieler Apotheken-Außendienste. Diese wurden schlichtweg nicht mehr gebraucht. Wer also ein eher beratendes Verkaufen beim Arzt gewohnt war und sich nicht auf die preisorientierten Verhandlungen mit Krankenkassen umstellen konnte, war mit seinem Leistungsspektrum nicht mehr gefragt. Hier galt es sich als Mitarbeiter rechtzeitig auf die neue Zielgruppe einzustellen und sich neue Kompetenzen zu erarbeiten, um dann den neuen Anforderungen gerecht zu werden.

Die **Wettbewerbssituation** gibt Aufschluss über das, was Sie in einem Unternehmen erwartet. Sie schlägt sich zumeist direkt auf die interne Wettbewerbskultur nieder. Der interne Wettbewerb in einem Unternehmen innerhalb eines gesättigten Marktes ist zumeist weniger stark ausgeprägt als in Phasen zunehmendem Wettbewerbsdrucks. In einem saturierten Markt hat jedes Unternehmen seinen Platz gefunden und die Unternehmen arrangieren sich mit den Wettbewerbern. Eine derartige Konstellation resultiert in einem großen „Achtung" für jeden High-Performer, denn in diesen Märkten passiert solange nichts Spannendes, bis sich das Marktgefüge durch neue Technologien oder neue Wettbewerber ändert.

Auch die **nationale Herkunft eines Unternehmens** ist ein wichtiger Faktor. Wenn Sie international arbeiten möchten und die Zusammenarbeit mit einer Vielzahl verschiedener Nationalitäten und Kulturen schätzen, gilt es ein breit aufgestelltes, international tätiges Unternehmen auszuwählen. In multinationalen Konzernen ist die Konzernsprache oftmals Englisch und die Unternehmenskultur entspricht häufig den Gepflogenheiten und dem Managementstil der Herkunftsländer. Der unterschiedliche Managementstil mag in „guten Zeiten" nicht so deutlich hervortreten, doch in Zeiten der Umstrukturierung und wirtschaftlich schwieriger Lage treten die Grundcharaktere zumeist deutlich zutage.

Zuletzt möchte ich auf den außerordentlich wichtigen Punkt der **Innovations- und Investitionsbereitschaft** eingehen. Für mich gehören Innovation und Investition direkt zusammen, sagen sie doch etwas über die mögliche Zukunftsentwicklung einer Branche oder eines Unternehmens aus. In einem innovativ geprägten Umfeld wird und muss investiert werden. Die investierten Mittel fließen in Forschung und Entwicklung, in neue Produktionsanlagen, aber auch unmittelbar in die Qualifizierung und Entwicklung der Mitarbeiter. Eine Chance für jeden, sein Kompetenzspektrum gezielt zu erweitern. Es gibt aber nach wie vor eine nicht unerhebliche Anzahl von Unternehmen, die kein strukturiertes Human-Ressource-Management betreiben. Dies führt zumeist zu einer eher konzeptlosen und wenig wirkungsvollen Personalentwicklung. Personal wird genutzt, aber nicht entwickelt. In diesen Unternehmen bleiben Potenziale ungenutzt und Zukunftschancen werden leichtfertig verspielt. Versuchen Sie derartigen Unternehmen konsequent aus dem Wege zu gehen.

Jede Marktanalyse beschäftigt sich mit der Gegenwart, um daraus die **Zukunft von Produkten, Unternehmen und Märkten** zu antizipieren. Als Manager der eigenen Karriere schaut man hinter die Kulissen und scheut keine Fragen, denn es geht darum, das richtige Unternehmen für sich persönlich zu finden. Bei der Analyse von Märkten und Unternehmen treten üblicherweise auch branchentypische Anforderungsprofile zutage. Für Sie gilt es deshalb aktuell geforderte, wie auch zukünftige **Kompetenzcluster** zu erkennen und sich mit diesen auseinander zu setzen.

**Der Wettbewerb um die besten Unternehmen und die besten Positionen** Zu guter Letzt geht es in der Marktanalyse um die Analyse der Wettbewerber, die mit Ihnen im Wettbewerb um die besten Unternehmen und Positionen stehen. Ein guter ICH-Manager weiß, was der Wettbewerb tut, wo der Wettbewerb aktiv ist. Folgende Fragen gilt es zu beantworten:

- Welchen Branchen wenden sich andere zu?
- Welche Qualifikationen bieten andere Wettbewerber?
- Welche Qualifikationen sind „en vogue"?
- Welche Managementschulen bieten die besten Informationen?
- Was sind gängige oder sich abzeichnende Erfolgskonzepte?
- Wie treten meine Wettbewerber auf?
- Welche Aktionen in eigener Sache starten meine Wettbewerber?
- Welche Kontakte und Netzwerke werden genutzt?
- Welche Vorgehensweisen und Entwicklungswege pushen die Karriere?
- Welche Firmen sind für den Einstieg in die High-Potential-Welt besonders gut geeignet?

Es gilt zu wissen, was der Wettbewerb tut, um daraus eigene Strategien und Wege abzuleiten, die zur Erreichung meiner Ziele führen. Es geht dabei nicht um das Kopieren erfolgreicher Personen oder Lebenswege. Es geht darum, den eigenen individuellen Weg zu finden, gegebenenfalls auch in einer Nische und fernab der Wege anderer Wettbewerber.

---

**Stephan S – Marktanalyse**

*Für Stephan S. gestaltet sich die Marktanalyse relativ einfach. Er hat sich dazu entschlossen, nur den Diagnostik- und Medizintechnikmarkt zu analysieren – den Markt, in dem sein aktuelles Unternehmen tätig ist.*

**Makro-Analyse**

*Die Makro-Analyse sieht insgesamt verheißungsvoll aus. Trotz Diskussionen über Sparmaßnahmen und Ausgabenkürzungen wird der Gesundheitsmarkt auch in Zukunft ein insgesamt attraktiver und stabiler Markt sein. Die demografischen Daten sprechen mit der zu erwartenden Entwicklung der Alterspyramide ebenfalls für den Diagnostik- und Gesundheitsmarkt.*

**Mikro-Analyse**

*In der Mikro-Analyse geht es für Stephan S. in erster Linie um das eigene Unternehmen, die Wettbewerber und die weiteren Aussichten. Für die Analyse nutzt er interne Quellen, Zeitungsartikel und recherchiert im Internet.*

*Das* **Unternehmen** *wird durch verschiedene Eigenentwicklungen diagnostischer Tests und der zugehörigen Analysegeräte getragen, die erst in einigen Jahren aus dem Patentschutz laufen. Daneben kennt Stephan S. die prall gefüllte Pipeline neuer Tests und Reagenzien. Außerdem arbeitet das Unternehmen an einer vielversprechenden neuen Gerätegeneration. Ein Tochterunternehmen hat Analysetest-Lizenzen erworben und vermarktet diese inzwischen erfolgreich. Einem weiteren Trend, dem der Großgeräte, wurde durch gute Kooperationsabkommen Rechnung getragen. Kurzum, das Unternehmen ist gut positioniert und für die Zukunft gerüstet.*

*Die* **Branche** *„Diagnostische Geräte und Reagenzien" zeichnet sich durch eine hohe Internationalität aus, ein Punkt, der für Stephan S. ebenfalls einen besonderen Reiz ausübt. Die Branche ist zudem prinzipiell durch eine hohe* **Innovations- und Investitionsbereitschaft** *geprägt. Dies betrifft gerade auch die Entwicklung der Personalqualifikation, fachlich wie interdisziplinär. Das eigene Unternehmen besitzt ein strukturiertes Personalentwicklungsprogramm, das Stephan S. bereits genießen konnte und auch seine weitere persönliche und berufliche Entwicklung mittragen wird. Der* **Wettbewerb** *des Unternehmens rekrutiert sich aus namhaften und zumeist auch gut geführten Firmen. Ein gutes Signal, denn so ergeben sich zusätzliche Karriereoptionen für Stephan S. in der Zukunft, gegebenenfalls auch außerhalb des aktuellen Unternehmens.*

*Die* **Kunden** *der Branche sind für die Ziele von Stephan S. von besonderer Bedeutung. Er konnte immer wieder feststellen, dass er gerade mit Laborärzten besonders gut reden konnte. Ärzte, der Einkauf und Krankenhauspersonal sind daneben die Hauptentscheidungsträger für die Produkte des Unternehmens. Aufgrund seiner Ausbildung sieht sich Stephan S. intellektuell, rhetorisch und fachlich gut gerüstet für diese Hauptkundengruppen. Eine wichtige Aufgabe sieht er im Aneignen von Verhandlungs- und Verkaufstechniken.*

*Mit diesen Möglichkeiten und Perspektiven kann Stephan S. die nächsten Sprossen der Karriereleiter in Richtung Vertrieb mit einem guten Gefühl in Angriff nehmen.*

## 3.3 Marktdefinition und Marktsegmentierung

Basierend auf der Marktanalyse entscheidet sich ein Unternehmen in der Marktdefinition für einen Fokusmarkt, in dem es mit seinen Produkten aktiv werden möchte. In der Marktsegmentierung erfolgt dann die gegebenenfalls notwendige Aufteilung des Marktes in Segmente. Ein Segment zeichnet sich durch ähnliche Gesetzmäßigkeiten in Bezug auf Kunden, Anforderungen und Bedürfnisse aus. Der Marktsegmentierung liegt der Gedanke zugrunde, dass keine Unternehmung bzw. kein Produkt alle Kunden erreichen und befriedigen kann. Deshalb entscheidet man sich in der Regel für einen Markt, der mit den bestehenden Ressourcen erfolgsversprechend bearbeitet werden kann. Dies sind häufig genau die Märkte, in denen ein Unternehmen seine Kernkompetenzen sieht. Kurz gesagt, hier führen Investitionen und Aktivitäten zu Resultaten.

> Welchen Markt bzw. welches Segment kann
> das Unternehmen oder das Produkt
> effektiv, schnell, produktiv und erfolgreich abdecken?

Im Personenmarketing wissen Sie aus der Marktanalyse, welche Anforderungsprofile in verschiedenen Branchen nachgefragt werden und in welcher Entwicklungsphase sich Branchen befinden. In der Marktdefinition und -segmentierung entscheidet man sich final, in welcher Branche man persönlich aktiv werden möchte.

## 3.4 Marktwert

Der Preis für ein Produkt ist in der Wirtschaft von großer Bedeutung. Nicht weniger wichtig ist der Marktwert im Personenmarketing. In diesem Kapitel wird beschrieben und dargestellt, wie der Marktwert beeinflussbar, sprich steigerbar ist.

**Der Preis für ein Produkt** Der Marktwert ist der Preis, der für eine Ware oder eine Dienstleistung gezahlt wird. Der Preis hat in der Wirtschaft einen wichtigen Stellenwert. Per Definitionem wird der Preis durch Angebot und Nachfrage bestimmt. Der Preis soll die Kosten der Ware decken und zusätzlich einen Ertrag realisieren. Daneben ist die Preisgestaltung ein nicht zu unterschätzendes strategisches Werkzeug im Wettbewerb, unterstützt und definiert der Preis doch häufig auch die Positionierung und die Wertanmutung der Ware. Trotz Aldi, Ratiopharm und Produkt-Outlets, die eine gute Qualität zu niedrigen Preisen anbieten, herrscht in vielen Köpfen dennoch der Grundsatz vor:

> Was nichts kostet, ist nichts wert.

**Abb. 3.3** Der Marktwert

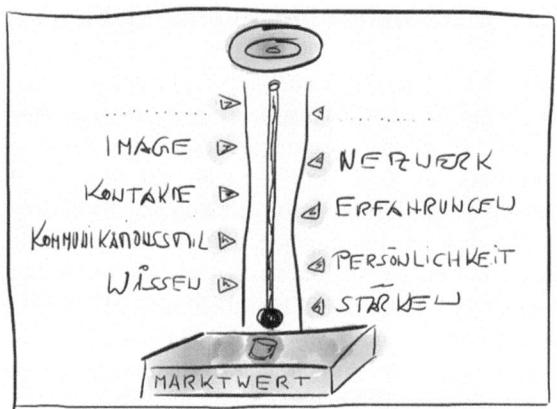

Der Preis hat aber nicht ausschließlich mit den Produktionskosten zu tun. Teilweise ist er davon auch komplett entkoppelt. Bestes Beispiel dafür ist „Red Bull". Der Preis der Dose liegt bei etwa 1,50 € im Einzelhandel. Die Produktionskosten weichen sicher nur unerheblich von denen einer Billiglimonade ab. „Red Bull" ist genaugenommen keine Limonade, auch kein Energydrink, sondern ein Marketingprodukt. Erst das Marketing und das Image, transportiert durch Top- und Extremsportler, machen „Red Bull" zu dem, was es ist: ein hochpreisiges Lifestyle-Getränk. Und für das gute Gefühl, das „Flügel verleiht", zahlen wir doch alle ganz gern mal ein „bisschen" mehr.

### 3.4.1 Der persönliche Marktwert

Mit dem Marktwert kommen wir an einen wichtigen Punkt im Personenmarketing und der Eigenpositionierung. Sie haben eine Dienstleistung zu verkaufen; das Unternehmen bezahlt dafür. Dabei ist selbstverständlich, dass dies nicht nur in Form des Gehaltes erfolgen kann. Für Ihre persönliche und berufliche Weiterentwicklung, wie auch für die Steigerung Ihres Marktwertes, sind avisierte Investitionen, z. B. in Fortbildungen, Entwicklungsprogramme und Auslandsaufenthalte von nicht zu unterschätzender Bedeutung. Auf jeden Fall gilt immer: Der Preis muss insgesamt der Leistung entsprechend vereinbart sein. Der Marktwert unterliegt der Beurteilung durch den Markt, doch ist er persönlich beeinflussbar? Aus meiner Sicht eine klares JA. Abbildung 3.3 verdeutlicht Faktoren der Steigerung des Marktwertes.

## 3.4 Marktwert

▶ Der Marktwert ist durch jeden zu beeinflussen:
durch Leistung, die Erweiterung der Fähigkeiten und
die Steigerung der Wahrnehmung im Markt!

Traditionell wird das Gehalt beim Einstieg in das Berufsleben oder beim Wechsel des Unternehmens zu einem wichtigen Diskussionspunkt. Danach geht es mit der Erhöhung entlang der tariflichen Vereinbarungen nicht selten auch für außertarifliche Mitarbeiter weiter. Die Performance wird zumeist nur marginal durch einen variablen Gehaltsteil berücksichtigt. So weit die gängige Praxis.

Ein guter Vorgesetzter wird die Performance bzw. den Performancezuwachs eines Mitarbeiters wahrnehmen und honorieren. Bei anderen gilt es durch klare Kommunikation die eigene Stärken- und Performanceentwicklung darzustellen und damit die Wahrnehmung durch das Umfeld sicherzustellen. Machen Sie sich Notizen über gelungene Projekte mit Zielen, Vorgehensweisen und Resultaten. Viele Führungskräfte überblicken nicht die Projektleistungen ihrer Mitarbeiter. Räumen Sie der Darstellung Ihrer Leistungsfähigkeit und die Wahrnehmung durch Ihren Vorgesetzten die höchste Priorität ein. Lassen Sie sich nicht durch „laute Nichtperformer" ausbremsen. Die Realität ist häufig grausam. Während eines von mir zu dem Thema „Eigenpositionierung" durchgeführten Seminars gaben 70 % der Teilnehmer an, die Motivation für die Teilnahme bestehe darin, nicht durch subjektiv schwächere Kollegen, die sich aber besser verkaufen, an den Rand gedrängt zu werden. Man wolle lernen, die eigene Performance und den eigenen Beitrag zum Ganzen in das rechte Licht zu setzen und letztendlich die entsprechende Anerkennung – monetär wie emotional – zu ernten.

Nach meiner Ansicht ist der persönliche Marktwert signifikant beeinflussbar. Die folgenden drei Punkte sind aus meiner Sicht besonders wichtig:

1. sich dem Marktwert widmen
2. den Performanceausbau planen
3. die Marktwerterhöhung durch Kommunikation sichern

### 3.4.1.1 Widmen Sie sich kontinuierlich dem Markt und Ihrem Marktwert

Dies bedeutet nichts anderes, als immer am Markt zu bleiben, auch dann, wenn man sich beruflich nicht verändern will. Suchen Sie Kontakt zu Personalberatern oder nutzen Sie deren Gesprächsangebote. Nicht zu unterschätzen sind auch Gespräche mit Freunden oder in einem Netzwerk, um den derzeitigen Marktwert zu eruieren. Weitere Möglichkeiten sind Bewerbungen direkt bei Unternehmen und das nicht nur bei kleinen Unternehmen, sondern auch bei den deutschen und internationalen Topadressen. Selbstverständlich ist die stetige Aktualisierung von

Profilen bei XING, LinkedIn und Google+ ein Muss. Bewerbungen auf gepostete Stellenangebote sind ebenfalls leicht zu realisieren. Das Gleiche gilt für die Aufnahme und Hinterlegung des eigenen Profils in Datenbanken von Personalberatungen.

### 3.4.1.2 Planen und gestalten Sie den Ausbau Ihrer Performance

Man lernt ein Leben lang – dies ist eine allgemein anerkannte Tatsache. In jeder beruflichen Ebene ist es wichtig, die Erweiterung des Erfahrungs- und Fähigkeitenhorizontes zu planen und aktiv zu betreiben. Denken Sie dabei neben direkt tätigkeitsbezogenen auch an tätigkeitsfremde Erfahrungen und den Aufbau von Methodenkompetenzen. In dem Buch „Die ICH Aktie" von Werner Lanthaler und Johanna Zugmann werden drei Bereiche als zentrale Erfolgs- und Karrierefaktoren genannt:

1. der Ausbau der Wissensbasis
2. die persönliche Innovationskraft
3. die emotionale Intelligenz

In jeder Position ergeben sich Entwicklungspotenziale für Sie persönlich. Neue Erfahrungen eröffnen neue Fähigkeiten, die wiederum wichtig für das Erklimmen der nächsten Sprosse der Karriereleiter sein können.

- Personalverantwortung – Einstieg oder Ausweitung
- Internationale Erfahrungen
- Neue Branche
- Neue Kundengruppe
- Erfahrungen mit einer neuen Art von Produkt und Dienstleistungen
- Erfahrungen in einem produzierenden oder einem rein vertriebsorientierten Unternehmen
- Erfahrungen mit neuen Produktions- und Arbeitsmethoden
- Neue Arbeitsstile

Neue Erfahrungen erweitern Ihr Kompetenz- und Erfahrungsspektrum oder runden es ab. Deshalb ist es für das Personenmarketing wichtig, neue Erfahrungen gezielt zu produzieren. Gerade Headhunter fragen gern nach der Motivation – warum eine neue Position in der Vergangenheit angenommen wurde. Wenn Sie hier einen roten Faden erkennen lassen, welche Erfahrungen Sie erlangen wollten, wird sich das immer positiv niederschlagen. Halten Sie immer ein persönliches „Storybook" bereit, das Karriereschritte nachvollziehbar macht.

### 3.4.1.3 Erhöhen Sie Ihren Marktwert durch eine gezielte Kommunikation

„Tue Gutes und rede darüber" – dieses Zitat passt perfekt, wenn es darum geht, sich selbst zu vermarkten. Anerkennung im Berufsleben und eine damit einhergehende Steigerung des Marktwertes basiert auf dem Erfüllen von Erwartungen und der souveränen Erledigung der täglichen Routine. Kommunizieren Sie Ihre Erfolge. Werden Sie „der" Ansprechpartner für bestimmte Themen. Sie besitzen ausgeprägte Stärken im Bereich Moderation oder Zeitmanagement? Gut, dann werden Sie Zeit- oder Moderationscoach und geben Sie Ihre Methodenkompetenz an Kollegen und Mitarbeiter weiter. Deren Erfolg wird auch Ihr Erfolg, wenn Sie es kommunizieren. Tragen Sie Ihre Freude über erfolgreich beendete Projekte nach draußen, nicht aufdringlich, aber wahrnehmbar.

Ein anderes Feld ist die Kommunikation neu hinzugewonnenen Wissens und neuer Fähigkeiten. Dazu gehört das Beschreiben der Teilnahme und der Erfahrungen des „effektiven" Seminars über eine neue Software, eine neue Maschinengeneration oder über Leadership in einer anerkannten Business School. Daneben kommen noch private Erfahrungen hinzu, gleichgültig, ob diese für den Beruf relevant oder eher nicht relevant erscheinen. Sie spielen Fußball, Volleyball, Golf, Skaten oder gehen regelmäßig in den Kletterpark? Persönliche Aktivität assoziiert Dynamik und einen gesundheitsbewussten Umgang mit dem Körper. Aber Achtung – übertreiben Sie nicht. Wenn ein Mitarbeiter mehr an den bevorstehenden Marathon als an die betrieblichen Projekte denkt, wird er früher oder später im Abseits landen.

Kommunizieren Sie hinzugewonnenes Wissen und neue Erfahrungen abgestimmt auf Ihre Person und Ihre Positionierung. Haben Sie Spaß an der Kommunikation und seien Sie sich der Chancen und der möglichen Wirkungen bewusst.

---

**Stephan S. – Marktwert**

*Stephan S. hat sich bereits einen guten Überblick über Vergütungen in seinem derzeitigen Arbeitsbereich, der Entwicklungsabteilung, verschafft. Für den Bereich Vertrieb möchte er natürlich ähnlich gut informiert sein. Deshalb eruiert er seinen möglichen Marktwert im Vertrieb. In Gehaltsspiegeln, wie sie zum Beispiel in der Frankfurter Allgemeinen Zeitung erscheinen, hat sich Stephan S. Basisinformationen beschafft. Daneben kontaktierte Stephan S. einige Freunde, die in verschiedenen Vertriebspositionen anderer Branchen arbeiten. Einer dieser Freunde stellte auch den Kontakt zu einer Personalberatung her. In diesem Gespräch bekam Stephan S. wertvolle Informationen über die Bandbreite gezahlter Gehälter in der Branche und erhielt sogar eine Größenordnung, in der sein persönlicher Markt-*

**Abb. 3.4** Die SMART-Formel

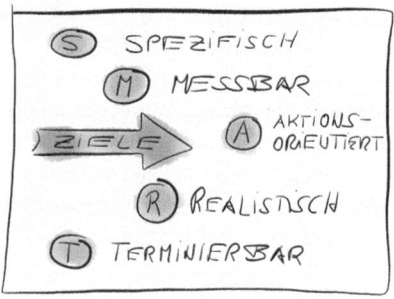

wert im Vertrieb liegen könnte. Damit hat sich die gute Vorbereitung für Stephan S. schon gelohnt. Auf die Gespräche hatte er sich mit einer Zusammenfassung seines Lebenslaufes und einer gut strukturierten Beschreibung seines „Produktportfolios" vorbereitet.

Zusätzlich bewirbt sich Stephan S. auf zwei Stellenausschreibungen, die er in einem Job-Portal gesehen hat. Ziel dieser Aktion ist es, abzuklären, wie sein Portfolio und er als Person ankommen, aber auch, welcher Marktwert ihm zugeordnet wird. Damit sieht er sich gut gerüstet für alle internen Diskussionen.

## 3.5 Ziele

Ziele sind Zukunftsvorstellungen und basieren auf Visionen, zu deren Erreichung etwas getan werden muss. Ziele geben an, was konkret erreicht werden soll. Damit sind Ziele das Verbindungsglied zwischen den Visionen auf der einen und der operativen Umsetzung auf der anderen Seite. Mit Zielen konzentriert man seine Kräfte und legt klare Aufgaben fest. Das Handeln bekommt Richtung und Sinn und wird zudem bewusster und vor allem selbstbestimmt. Abbildung 3.4 stellt mögliche Zielrichtungen in unterschiedlichen Entwicklungszyklen dar.

In diesem Kapitel werden verschiedene Arten von Zielen beschrieben und wie ein Ziel wirkungsvoll formuliert werden kann. An Beispielen aus der Wirtschaft wird die Basis geschaffen, um die eigenen Ziele erfolgreich erarbeiten zu können.

### 3.5.1 Ziele in der betrieblichen Wirtschaft

In der Wirtschaft sind allgemein alle Strategien und Aktivitäten auf das Erreichen gesteckter Ziele ausgerichtet. Durch die Orientierung auf Unternehmensziele behält man auch im hektischsten Tagesgeschehen den Blick für das Wesentliche. Ziele werden in Sub-Ziele aufgeteilt und anhand von Prioritäten abgearbeitet. Das übergeordnete Ziel hält damit in Form von Wochen- und Tagesplänen Einzug in das Tagesgeschäft. Im Produktmanagement unterscheidet man zwischen strategischen und operativen Zielen.

▶ „Ein Ziel ist ein Traum mit Deadline."
(Leo B. Hetzel, University of California, Berkley, USA)

### 3.5.1.1 Strategische Ziele
Als strategisches Ziel bezeichnet man ein qualitatives Statement. Strategische Ziele sind von übergeordneter Bedeutung, geben sie doch die generelle Richtung eines Unternehmens oder eines Unternehmensbereiches an. Bei der Formulierung werden häufig qualitative Adjektive wie zum Beispiel „schnell" und „aggressiv" verwendet. Nachfolgend einige Beispiele:

- **Einführung**: Wichtige Neuprodukte in den nächsten Jahren einführen
- **Wachstum**: Umsatzwachstum deutlich steigern
- **Marktanteile**: Marktanteil aggressiv ausbauen

### 3.5.1.2 Operative Ziele
Operative Ziele betreffen demgegenüber das operative Geschäft. Die Ziele sind klar, deutlich und vor allem quantitativ formuliert. Der zeitliche Planungshorizont überspannt maximal drei Jahre, nicht selten aber auch nur das aktuelle Geschäftsjahr. Operative Ziele sind immer quantitativ messbar und stehen in direktem Zusammenhang zur Gesamtstrategie und den strategischen Zielen. Gut formulierte Ziele sind realistisch, herausfordernd und auf der Basis der Planungsgrundlagen erreichbar. Nachfolgend einige Beispiele.

- **Marktanteil**: Marktanteil in den nächsten drei Jahren von 10 % auf 25 % steigern
- **Umsatzwachstum**: Umsatz um plus15 % auf 45 Mio. € in 2014 steigern
- **Profit**: Steigerung EBIT auf 15 Mio. € in 2014
- **Umsatzanteil**: Bereich Services erwirtschaftet in 2014 min. 25 % des Ergebnisses
- **Einführung**: Einführung der neuen Pflegeserie bis Q3/2014

Hilfreich bei der Formulierung von Zielen ist die sogenannte „SMART-Formel" von Lothar J. Seiwert (siehe Abb. 3.5). Die fünf Buchstaben stehen für verschiedene Adjektive:

**Abb. 3.5** Ziele im Personenmarketing

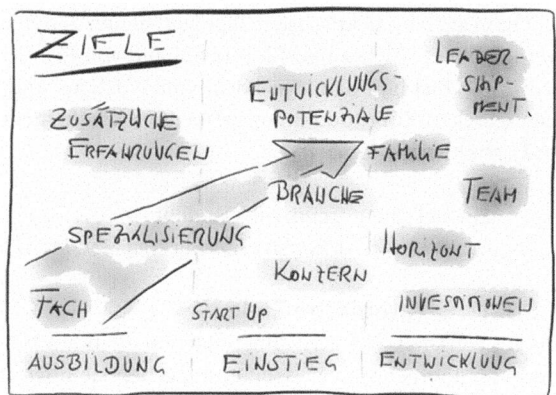

S: spezifisch (konkret, eindeutig, präzise)
M: messbar (damit auch überprüfbar)
A: aktionsorientiert (positiv formuliert)
R: realistisch (hoch gesteckt, aber erreichbar)
T: terminierbar (zeitlicher Bezug, Deadline)

Während strategische Ziele der Zukunftsorientierung dienen, sind operative Ziele klar auf das Tagesgeschäft und das operative Ergebnis des kommenden Geschäftsjahres ausgerichtet. Alle Ziele dienen der Optimierung interner oder nach außen gerichteter Geschäftsabläufe, um letztendlich gesetzte Unternehmensziele zu erreichen.

### 3.5.2 Ziele im Personenmarketing

Lothar J. Seiwert beschreibt in seinem Buch „Wenn Du es eilig hast, gehe langsam" die Wirkung von Zielen wie folgt: „Wer Ziele hat und verfolgt, richtet auch seine unbewussten Kräfte auf sein Tun aus und verstärkt die persönliche Motivation und Selbstdisziplin. Wenn das Leben als Ganzes erfolgreich sein soll, muss ein durchdachtes Lebenskonzept dahinter stehen. Nur so kann ein direkter Zusammenhang zwischen den vielfältigen Aktivitäten und Aufgaben von heute und dem Erfolg und der Lebenszufriedenheit von morgen hergestellt werden." Dem stimme ich uneingeschränkt zu.

Setzen Sie sich „smarte" Ziele und erstellen Sie so den Fahrplan für Ihr Leben und Ihre Karriere. Damit bekommt Ihr Handeln Richtung und Sinn, Ihre Energie ist fokussiert und Ihre Erfolgschancen steigen, denn Sie agieren statt zu reagieren.

## 3.5 Ziele

Im Personenmarketing legen Ziele die Richtung fest, in die Sie sich persönlich entwickeln möchten. Wer Ziele formuliert, ist fokussiert und verfolgt seine Ziele zumeist konsequent. Wichtig ist das Formulieren von Nah- und Fernzielen.

**Fernziele** Widmen Sie sich zunächst Ihren Fernzielen – dem Lebensbild, dem Lebensziel und Ihrem persönlichen beruflichen Ziel.

- Sie wollen ein eigenes Unternehmen gründen?
- Sie wollen ein eBook schreiben?
- Sie wollen Partner in einer angesehenen Kanzlei werden?
- Sie wollen langfristig eine geschäftsführende Position einnehmen?
- Sehr gut, warum nicht?

Nur, wenn Sie wissen, wohin Sie wollen, können Sie Ihre Ziele selbstbestimmt und entlang des eigenen Fahrplans proaktiv erreichen. Scheuen Sie sich nicht, auch herausfordernde Fernziele zu formulieren. Wenn Sie ein Ziel erst gar nicht formulieren, werden Sie es auch definitiv nicht erreichen.

**Nah- und mittelfristige Ziele** Nachdem die Fernziele klar sind, gilt es diese in sinnvolle Schritte oder „Sub-Ziele" zu unterteilen. Dazu sollten Sie einige Antworten parat haben:

- Was brauche ich für die Erreichung meiner Fernziele?
- Was muss ich mitbringen, um dieses Ziel zu erreichen?
- Ist die Wahl einer Business School relevant?
- Welcher Einstieg ist der sinnvollste bzw. der erfolgsträchtigste?
- Welcher Unternehmenstyp bietet den besten Start für meine Karriere?
- Welche Erfahrungen muss ich noch machen?
- Welche Positionen will ich noch durchlaufen?
- Welche Aufgaben/Herausforderungen sind wesentlich für das Erreichen der Fernziele?
- Welche Kompetenzen muss ich aufbauen?
- Was muss ich für die Zielerreichung investieren?
- Was ist zu tun, um berufliche und private Ziele im Einklang zu halten?

Am Beispiel Stephan S. möchte ich die Formulierung der verschiedenen Ziele veranschaulichen. Dabei wird deutlich werden, dass langfristige und mittelfristige Ziele eher strategisch geprägt sind. Dagegen sind Nahziele deutlich operativ ausgerichtet und häufig direkt mit einer Aktion verknüpft.

### Stephan S. – Ziele

Nach fünf Jahren in der Entwicklungsabteilung für Produkt- und Testsysteme strebt Stephan S. als langfristiges Ziel die Position eines Regionalverkaufsleiters im Bereich Diagnostikvertrieb an. Als mittelfristiges Ziel möchte er den Einstieg in den Außendienst schaffen. Auf dieser Basis hat Stephan S. seine operativen Nahziele formuliert. Er möchte bestehende Kontakte in den Vertrieb und zu Kunden ausbauen. Den Kontakt zu dem Vertriebsleiter Deutschland gilt es weiter zu intensivieren. Außerdem wird er seine Ziele an seinen Vorgesetzten und an die Personalleitung kommunizieren.

In der nachfolgenden Aufstellung hat Stephan S. bereits einige Punkte der „SMART-Formel" gut verwirklicht. Die Ziele sind spezifisch und damit messbar. Die gesteckten Ziele sind eindeutig aktionsorientiert und realistisch. Eine nachvollziehbare und realistische Terminierung sollte noch durchgeführt werden.

**Strategisches Fernziel**

- *Position „Regionalverkaufsleiter" (Personalverantwortung, Führungskraft) erreichen.*

**Strategische mittelfristige Ziele**

- *Bestehende Kontakte und Netzwerke auffrischen und nutzen*
- *Vertiefende Seminare (Know-how aufbauen) besuchen*
- *Einstieg in den Außendienst schaffen*
- *Know-how-Führer im Außendienst (Support für das Vertriebsteam)*
- *Umsatz-Führerschaft im Außendienst erreichen*

**Operative Nahziele**

- *Termine mit Vorgesetztem und Personalleiter machen – Ziele kommunizieren*
- *Zeitnah (plus 4 Wochen) Kontakte zum Vertriebsleiter Deutschland aufbauen*
- *Mitarbeit in marktnahen Projektteams sicherstellen (informieren, Interesse kommunizieren, Mitglied in Projektgruppen sein)*
- *Einblick in Arbeitsweisen und geforderte Kompetenzen im Außendienst zeitnah sammeln (pro Monat: zwei Tage Doppelbesuch mit dem Außendienst realisieren)*
- *Ziele kommunizieren (an derzeitigen Chef und Personalabteilung)*
- *Kompetenzen „Vertriebstechniken und Vertriebskommunikation" durch ein Seminar im nächsten Quartal aufbauen (Urlaubstage investieren und gesetzliche Fortbildungstage nutzen)*

## 3.5.3 Zusammenfassung – Ziele

Mit dem Setzen von Zielen werden Sie zum Vordenker in eigener Sache und nehmen Ihren persönlichen Weg gedanklich und planerisch vorweg. Der Weg startet mit der Wahl des Studienfachs oder des Ausbildungsberufes und begleitet Sie das gesamte Berufsleben hinweg. Stellen Sie die Weichen in Richtung Ihrer Ziele und in Richtung Erfolg. Während der Ausbildungs- und Studienphase gilt es sich theoretisches wie anwendungsorientiertes Wissen anzueignen und sich persönlich, intellektuell und methodenorientiert zu entwickeln. Der Einstieg ins Berufsleben ist die zweite wichtige Weichenstellung. Wer Ziele setzt und diese in Relation zu den wirtschaftlichen Gegebenheiten verfolgt, wird die richtigen Entscheidungen treffen. Zum Schluss noch einige Gedanken, die es nach meinem Dafürhalten nie aus dem Kopf zu verlieren gilt:

▶ **Auf die Balance achten** Reflektieren Sie berufliche und private Ziele und versuchen Sie diese in Balance und Einklang zu bringen. Defizite in einem der beiden Bereiche wirken sich nicht selten auch negativ auf den anderen Bereich aus.

▶ **Die Wahl haben** Eines ist ganz klar und sollte zur Entspannung beitragen: Es gibt kaum Entscheidungen im Leben, die unumkehrbar sind und wirklich ausschließlichen Charakter besitzen. Es gibt immer mehrere Wege, die ans Ziel führen.

▶ **Zeit haben** Ziele setzen heißt nicht, jede Sekunde geplant oder verplant zu haben. Gerade das Gegenteil ist der Fall. Wer weiß, wo er hin will, wird fokussiert vorgehen, weniger Fehlentscheidungen treffen und damit Zeit für die Dinge haben, die einfach nur Spaß machen. Während Sie Ihre Freizeit genießen, bügeln andere mit viel Zeitaufwand ihre Fehler aus. Einmal richtig erledigt ist aus meiner Sicht effektiver, als eine Aufgabe mehrfach mit halber Kraft anzugehen.

▶ **Kopf oder Bauch** Entscheidungen zu treffen, ist nicht immer leicht. Entscheidungen auf einer gesicherten Datenbasis zu treffen, ist eine sichere und gute Vorgehensweise. Dennoch ist dies nicht die einzige Wahrheit. Erfolgreiche Menschen gebrauchen ihre Intuition, um etwas zu bewegen, denn Daten allein liefern nicht immer das komplette Bild und die letztendliche Sicherheit. Fühlen Sie, ahnen Sie, seien Sie auch mal emotional ergriffen. Verlassen Sie sich auch auf Ihre innere Stimme, besonders dort, wo sie sich in der Vergangenheit bewährt hat.

▶ „There's more than one way to rope the calf."
(Nina Aversano, HBR Case study, October 2002, Welcome Aboard)

## 3.6 Positionierung

Die Positionierung ist ein wichtiger Schritt in der strategischen Ausrichtung. Ein Produkt oder Angebot zu positionieren heißt, es am Markt aufzustellen, um die gesetzten Ziele zu erreichen. Mit der Positionierung erzeugt man ein Bild beim Kunden, wer man ist und für was man steht – als Unternehmer oder als Person.

In diesem Kapitel wird das „Step-3-Modell" zur Formulierung einer wirkungsvollen Positionierung intensiv dargestellt und beschrieben. Dazu gehört auch die Reflexion der Positionierungsaussage. Der Fokus liegt auf der Konsistenz und der Umsetzbarkeit. Beispiele aus der Wirtschaft und dem Kreise „prominenter" Persönlichkeiten flankieren die Beschreibungen.

### 3.6.1 Positionierung in der betrieblichen Wirtschaft

Die Positionierung ist ein weiterer wichtiger Schritt in der strategischen Ausrichtung. Ein Produkt oder Angebot zu positionieren heißt, es am Markt aufzustellen, um die gesetzten Ziele zu erreichen. Mit der Positionierung erzeugt man ein Bild beim Kunden, wer man ist und für was man steht – als Unternehmer oder als Person. Die Positionierung resultiert in einem für die Zielgruppe attraktiven, einzigartigen und erkennbaren Bild und Image. Die Positionierung erzeugt eine Beziehung zwischen dem Produkt und der Zielgruppe und grenzt gegenüber dem Wettbewerb ab. Die formulierte Positionierung bildet den Rahmen für den grafischen Stil jeglicher werblichen Aktion, Aussagen und Informationen über das Produkt im Markt. Die Positionierung wird als möglichst kurze Kernaussage formuliert. Sie kann auf folgenden Punkten aufgebaut sein:

- Produkt- oder Servicevorteile
- Nutzen für den Kunden
- Emotionen und Emotionalität
- Preis und Image

### 3.6.2 Erfolgreiche Produkt- und Personenpositionierung – ein modellhafter Ansatz

Im Folgenden möchte ich das „Step-3-Modell" zur Entwicklung und Formulierung einer individuellen Positionierung vorstellen. Das Modell benennt drei Schritte/Dimensionen:

**Step-1:** Kunden-Nutzen-Attraktivität
**Step-2:** Wettbewerb

## 3.6 Positionierung

**Step-3:** Formulierung und Reflexion
Entlang dem „Step-3-Modell" wird eine Positionierungsaussage analytisch entwickelt. Im letzten Schritt „Reflexion der Umsetzbarkeit" wird die Qualität und Nachhaltigkeit der gewählten Positionierung durch Fragen überprüft. Das „Step-3-Modell" ist auf die Produkt- und die Eigenpositionierung gleichermaßen anwendbar.

### 3.6.2.1 Step-1: Kunden-Nutzen-Attraktivität

Wer ist der Kunde und was schätzt er? Welche Wünsche und Ziele hat er? Nur wer seinen Kunden, dessen Wünsche, Werte, Ziele und Entscheidungskriterien kennt, kann sich letztendlich attraktiv in der Zielgruppe darstellen und positionieren.

Neben den grundlegenden Kenntnissen über die Zielgruppe ist der Nutzenaspekt für die erfolgreiche Vermarktung von Produkten und Dienstleistungen von wesentlicher Bedeutung. „Fakt-Vorteil-Nutzen" – diese Argumentationskette wird in der vertrieblichen Kundenkommunikation häufig angewendet. Der Fakt ist ein Produktmerkmal, z. B. signalgelbe Kinderkleidung. Dieses Produktmerkmal ist allein absolut nichts wert. Spannender wird es, wenn der Vorteil ins Spiel kommt: „Signalgelb wird im Straßenverkehr sehr gut wahrgenommen." Doch erst mit dem Nutzen („Durch die signalgelbe Kinderkleidung sinkt das Risiko eines Unfalls – mein Kind ist dadurch sicherer") ergibt sich letztendlich der Kaufimpuls. Der Nutzen kann wie im Beispiel nicht nur faktisch geprägt sein. Er kann auch stark emotional gefärbt sein. Dies ist besonders stark bei Kleidung wahrzunehmen. Die scheinbar gewonnene Attraktivität durch den Imagetransfer von Markenkleidung auf den Träger oder die Trägerin hat schon bei uns allen zum Kaufimpuls beigetragen.

Hauptdefizit in vielen Verkaufsgesprächen ist die mangelnde Beherrschung der Fakt-Vorteil-Nutzen-Kaskade. Viele Vertriebsmitarbeiter verwechseln Merkmale und Vorteile mit dem Nutzen. Sie beten technische Möglichkeiten herunter, ohne auf den Nutzen einzugehen. Für eine 15-jährige ist das Handy nicht Telefon, sondern teilweise Statussymbol und immer Kommunikationszentrale, um mit Freunden und der Welt rund um die Uhr in Verbindung zu bleiben – es ist DAS TOOL, um immer up to date zu sein.

Für die Anwendung der Fakt-Vorteil-Nutzen-Kaskade ist die Beantwortung der folgenden Fragestellungen von essenzieller Bedeutung:

1. Was sind die Wünsche, Werte und Forderungen der Zielgruppe?
2. Welche Produkt- und Servicemerkmale schätzt die Zielgruppe?
3. Welche Merkmale bzw. einzigartigen Stärken hat das Produkt oder die Dienstleistung?

4. Ist aus diesen Fakten ein attraktiver Nutzen für die Zielgruppe ableitbar?
5. Schätzt die Zielgruppe diesen Nutzen und ist sie dazu bereit, dafür zu zahlen?

Die ersten beiden Fragen charakterisieren den Kunden. Die dritte betrachtet das Produkt. Die beiden letzten Fragen verbinden Kunde und Produkt. Nach der Beantwortung der fünf Punkte können Sie eine wirkungsvolle Fakt-Vorteil-Nutzen-Kaskade entwickeln. Das folgende Beispiel stellt dar, wie man durch die Anpassung an die Bedingungen und die Kenntnis der Kundenbedürfnisse eine Dienstleistung positioniert und dem Kunden ein echter Nutzen geboten werden kann.

„Hairstyling & Business" Der kleine Start-up Friseursalon „Hairstyling & Business" wurde fast durch Zufall ins Leben gerufen. Aufgrund einer persönlichen Veränderung musste eine Friseurmeisterin schnell reagieren und fand per Zufall eine Ladenfläche in einem noblen Businessumfeld. Da die Fläche für ein normales Unternehmen oder Ladengeschäft nur schlecht nutzbar war, waren die Mietkosten überraschend niedrig. Die Friseurmeisterin erkannte schnell, dass ihre Lage und ihre persönliche Art angetan waren, Businesskunden anzusprechen. „Hairstyling & Business" war geboren. Sie gestaltete den Salon mit moderner Kunst, nutzte ein iPad statt „Lesezirkel-Zeitschriften", Nespresso® statt Filterkaffee, und verpasste dem Salon durch Parkettboden ein anspruchsvolles, nobles Image. Ihr allein stellendes Serviceangebot „flexible Termine" mit Terminen vor 7:00 Uhr, in der Mittagpause und bis 21:00 Uhr fand schnell überwältigenden Zuspruch. Der Nutzen für die Geschäftskunden: Gepflegt aussehen, ohne Freizeit oder Arbeitszeit für den Friseurbesuch zu opfern. Dies sicherte den Erfolg weit über das „Auskommen" hinaus. Die normale Tageskundschaft konnte sich ebenfalls über das angenehme Ambiente freuen. Die Ausrichtung auf den Bedarf der Kunden und eine klare Positionierung („flexibel und professionell") waren ein voller Erfolg. Für den Friseursalon „Hairstyling & Business", der sich auf Geschäftsleute der umliegenden Firmen konzentriert, könnte eine mögliche Positionierung wie folgt lauten:

▶ „Hairstyling & Business –
gepflegt aussehen ohne Zeitinvestment."

### 3.6.2.2 Step-2: Wettbewerb

Innerhalb der Marktanalyse wurde auch der Wettbewerb bereits besprochen. Der Wettbewerb lässt sich durch sein Businessmodell und Merkmale wie Stärken, Vorgehensweisen und das Image charakterisieren. Bei der Formulierung der Positionierung ist wichtig, dass keine unfreiwillige Kopie des Wettbewerbs entsteht und sich im schlimmsten Fall keine Abgrenzung zum Wettbewerb ergibt.

### 3.6.2.3 Step-3: Formulierung und Reflexion

Eine Positionierung ist für jedes Unternehmen notwendig und sinnvoll, unabhängig von der Größe. Mit der Positionierung wird eine Beziehung des Unternehmens bzw. des Produktes zur Zielgruppe und umgekehrt hergestellt. Die Positionierungsaussage führt direkt zur Strategie. Sie ist generelle Stoßrichtung und letztendlich die Basis für alle Aktivitäten und Aussagen im Markt.

Die Positionierungsaussage sollte auf maximal zwei Sätze beschränkt bleiben und stellt dar, worauf die Attraktivität des Produktes oder des Unternehmens beruht und welcher direkte Nutzen für den Kunden erzeugt wird. Folgende vier Kriterien muss die Positionierung mindestens erfüllen (Reflexion):

1. Die Positionierung muss konsistent mit dem existierenden Image sein. Erfolgt eine komplette Neupositionierung muss das „alte Image" zumindest berücksichtigt werden. Eine Verwirrung der Kunden ist zu vermeiden.
2. Die Positionierung befriedigt den bestehenden oder künftigen Bedarf des Kunden und benennt den Kundennutzen.
3. Die Positionierung ist nur außerordentlich schwer zu imitieren.
4. Die Positionierung ist konsistent, glaubwürdig und basiert auf realen Stärken und Fakten.

Im Zuge der Formulierung der Positionierungsaussage sollten die folgenden Fragen beantwortet werden. Die Antworten ergeben eine gute Basis für die nächsten Schritte.

- Welches Bild hat unser Kunde momentan von uns?
- Welches Bild und welche Position möchten wir gern einnehmen?
- Was muss das Produkt oder das Unternehmen bieten, um mit dieser Position vom Kunden wahrgenommen zu werden und erfolgreich agieren zu können?
- Welcher Nutzen ergibt sich für den Kunden?
- Wie schwierig ist es für den Wettbewerb, einen ähnlichen Nutzen und eine ähnliche Positionierung aufzubauen?
- Welche Mittel und Marketingressourcen sind notwendig, um dieses Bild und diese Position zu besetzen und zu halten?
- Können das gesamte Unternehmen, die Produkte und alle Personen mit Kundenkontakt (z. B. Kundenservice, Außendienst) diese Positionierung glaubhaft transportieren?
- Ist man in der Lage dieses Bild und Image konsistent zu transportieren und über einen langen Zeitraum (mindestens fünf Jahre) aufrechtzuerhalten?

Auf Basis der Geschäftsziele, Kundentargets, der Antworten auf die oben gestellten Fragen und der oben genannten vier Kriterien ist die Positionierung zu formulieren und auf deren Umsetzbarkeit hin zu reflektieren. Das folgende Unternehmensbeispiel soll den Prozess verdeutlichen.

**Beispiel Southwest Airlines** Southwest Airlines (SWA) war die erste Fluggesellschaft, die als Billigflieger an den Start ging (1978). Durch die Reduktion von Service, ohne dabei unfreundlich zu werden, nutzte SWA konsequent alle Sparpotenziale in einer Branche, in der der Fixkostenanteil rund 80 % ausmachte. Die SWA-Positionierung lautete:

▸ „Southwest Airlines ist ein Unternehmen von Menschen und
 *die* Billigfluglinie der USA.
 Durch ausgeklügelte Unternehmensstrukturen und minimalisierten Service bieten wir günstigste Flugtarife zwischen ausgewählten Orten bei gleichwertig hohen technischen Standards."
 (angelehnt an: Case report „Southwest Airlines 1999",
 Thunderbird, The american graduate school of int'l management, 2000,
 Eigene Formulierung des Autors)

Das Unternehmenskonzept basierte auf Standardisierung und Kosteneinsparung. So wurden nur Flugzeuge des Typs Boeing 737 eingesetzt und zu Beginn wurden nur Strecken bis maximal 300 Meilen bedient. Kein Essen an Board, Getränke nur gegen Bezahlung und kein Transfer von Gepäck zu Anschlussflügen waren weitere Merkmale, die die angestrebte Kosteneinsparung realisierten. Des Weiteren verzichtete SWA auf einen Zentralflughafen, wie z. B. Frankfurt/Rhein-Main für die deutsche Lufthansa. Stattdessen benutzte SWA kleinere Flughäfen im Umland der Metropolen, auf denen SWA hohe Priorität, eine zügige Abwicklung und niedrige Gebühren genoss. Die Resultate waren beeindruckend: kurze Standzeiten am Boden und eine drastische Reduktion des hohen Fixkostenblocks. Für die Kunden bedeutete dies niedrige Ticketpreise und ließ SWA zur einzigen amerikanischen Fluggesellschaft werden, die seit ihrem Bestehen immer einen positiven Jahresabschluss präsentieren konnte. Die freundliche, unkomplizierte und mitreißende Art des CEO Herb Kelleher, die Identifikation mit dem Unternehmen und eine gute Bezahlung des Personals sorgten für ein freundliches Klima in den Flugzeugen – und das bis heute.

Welche Antworten ergibt die Reflexion der Umsetzbarkeit?

- **Existierendes Image:** Die Positionierung ist konsistent in sich, und als Neugründung musste im Jahr 1978 keine Vergangenheit berücksichtigt werden.

## 3.6 Positionierung

- **Kundenbedürfnisse**: Ja, hauptsächlich wegen der günstigen Flugpreise werden die Erwartungen erfüllt.
- **Imitation**: Ja, das Unternehmenskonzept und die Verzahnung aller Aktivitäten stützt die Positionierung und erschwert die Imitation des Modells und der Positionierung. Billigfliegertöchter von großen Konzernen (z. B. Continental Light) konnten das Billig-Image, besser noch die niedrige Kostenstruktur, nie wirklich erfolgreich kopieren. Die Kunden erwarteten Leistungen wie bei den Muttergesellschaften.
- **Konsistenz**: Ja, denn das Businessmodell, alle Ressourcen, und Anstrengungen sind genau darauf ausgerichtet, die Positionierung umzusetzen.

Dieses Beispiel zeigt in eindrucksvoller Weise, dass eine gute Positionierung immer auf den Stärken des Produktes bzw. auf einem zielgerichteten Businessmodell beruht. Die Positionierung ist kein Bild oder Image, welches man aufgrund von Trends werbetechnisch mal eben verleiht. Deshalb ist es wichtig, die Stärken des Businessmodells, des Produktes und der gesamten Unternehmensstruktur zu analysieren, um dann gezielt zu entscheiden, welche Schwerpunkte für potenzielle Kunden von besonderer Attraktivität und von besonderem Nutzen sind. Diese werden dann über die Positionierung im Markt platziert.

### 3.6.3 Die gezielte Positionierung einer Person

Eine Imagebildung geschieht immer, ob gesteuert oder eben zufällig. Ungeplant und zufällig dann, wenn Ihr Umfeld Ihnen ein Image zuschreibt. Dies wird zu einem Problem, wenn dieses fremdbestimmte Image Ihnen und Ihren Zielen nicht zuträglich ist. Deshalb fordere ich Sie auf: Behalten Sie die Kontrolle über einen derart relevanten Punkt Ihrer beruflichen Karriere.

▶ Nehmen Sie das Ruder in die Hand.

Neu an der Vorgehensweise im Personenmarketing ist die bewusste Eigenpositionierung mit dem Ziel, ein bestimmtes Image im Umfeld zu erzeugen. Aus den verschiedenen Analysen kennen Sie Ihre Stärken, haben entschieden, wer Ihre Zielgruppe ist und setzen sich „smarte" Ziele. Mit Ihrer persönlichen Positionierung entscheiden Sie nun **gezielt**, welchen Teil Ihrer Stärken, Arbeitsweisen, Aktivitäten, Erfahrungen und Ihrer privaten Aktivitäten Sie „veröffentlichen" wollen. Damit schaffen Sie die Voraussetzung, um das angestrebte Image zu erreichen.

▶ Mit Ihrer persönlichen Positionierung entscheiden Sie
bewusst und gezielt,
welchen Teil Ihrer Stärken, Arbeitsweisen und Erfahrungen,
Sie zur Schaffung eines attraktiven Images
„veröffentlichen" wollen.

**Wer positioniert sich?** Zunächst ist zu klären, wo es Sinn macht, sich zu positionieren. Je nach Anstellungsverhältnis, Funktion, Zielen und Abhängigkeitsgeflecht, ist es sinnvoll, sich eine individuelle Positionierung zu erarbeiten. Nachfolgend einige Gruppen, für die es Sinn macht, sich zu positionieren.

**Außendienstler** Außendienstler positionieren sich zunächst gegenüber dem Endkunden. Es erscheint aus meiner Erfahrung aber auch empfehlenswert, sich firmenintern zu positionieren. Die Positionierung soll sicherstellen, dass die eigene Person und die erbrachten Leistungen im Sinne der persönlichen Zielsetzung im rechten Licht erscheinen und damit honorierbar werden, sprich zu Beförderungen und der Erreichung gesteckter persönlicher Ziele führen.

**Angestellte** Angestellte sollten sich ebenfalls mit ihrer persönlichen Positionierung auseinander setzen. Die Motivation besteht in der Sicherung der Erkennbarkeit der erbrachten Leistungen und der Darstellung der persönlichen Potenziale. Dies alles steht auf dem Fundament einer positiven und unverwechselbaren Positionierung gegenüber den internen Wettbewerbern. Doch Achtung: Ich spreche hier gezielt von Wettbewerbern und nicht von Konkurrenten oder gar Feinden. In jedem Unternehmen ist für gute Leute genug Raum, parallel Karriere zu machen. Außerdem kann man von guten, herausfordernden Kollegen lernen, profitieren und „Benchmarking" betreiben.

**High Potentials und Manager** Sie werden auf ihrem Weg durch die Hierarchien kaum um eine interne Positionierung, inklusive der Abgrenzung gegenüber den internen Wettbewerbern, herumkommen. Als Zielgruppe werden genau die Personen selektiert, die kurz-, mittel- und langfristig für die eigene Karriere von Bedeutung sein können. Dies können der direkte Vorgesetzte, Bereichsleiter, Mentoren, die Geschäftsleitung und Entscheidungsträger anderer Bereiche sein. Hier gilt es mit der richtigen Strategie Kontakte zu knüpfen und Netzwerke zu nutzen, um Aufmerksamkeit für die eigene Person zu schaffen.

**Freiberufler und Einzelunternehmer** Diese Gruppen werden eine Kundenpositionierung (Stärken, Angebot, Nutzen) und eine Wettbewerbspositionierung der

## 3.6 Positionierung

eigenen Person bzw. des eigenen Teams ähnlich der eines Unternehmens vornehmen. Dies gilt im Besonderen auch für Ärzte, Rechtsanwälte und Steuerberater. Hier gilt es mit der richtigen Strategie und einer angemessenen Kundenkommunikation den persönlichen Nutzen deutlich zu machen.

**Prominente aus Sport, Politik und Kultur** Politiker präsentieren ihre Person und ihre Themen beim Wahlvolk. Es gibt den Mahner, die Mutter der Nation, den Besten oder auch den Dynamischen. Das Wahlvolk bzw. der Markt ist immer dann verwirrt, wenn die Positionierung und die wahrnehmbare Realität voneinander abweichen. So geschehen bei dem ersten Fernsehduell 2012 zwischen Barack Obama und Mitt Romney. Die ganze Welt war entsetzt über einen „müden" Präsidenten, der so gar nicht sein „Yes, we can" ausstrahlte.

Nachfolgend einige Beispiele aus dem Bereich deutscher Prominenter und einem Lokalpolitiker der mit einer gezielten Wettbewerbspositionierung erfolgreich war. Diese erheben **nicht** den Anspruch, mit der offiziellen Positionierung der Prominenten übereinzustimmen und sind entsprechend auch nicht mit diesen abgestimmt worden. Die Inhalte reflektieren meine persönliche Wahrnehmung.

### Barbara Schöneberger

*Barbara Schöneberger ist Moderatorin, Schauspielerin und Sängerin. Sie hat sich nach einem kleinen Fernsehauftritt 1999 kontinuierlich auf der Erfolgsleiter nach oben gearbeitet. Inzwischen moderiert sie Fernseh-Galas und ist Moderatorin der NDR-Talkshow. Des Weiteren ist sie als Kolumnistin für verschiedene Magazine aktiv und forciert parallel eine Gesangskarriere. Werbung machte sie für Homann Lebensmittel, NESCAFE und „neu.de". Ihre Auftritte plant sie sicher gezielt. Mal knutscht sie als Moderatorin mit Ina Müller (2012), dann zeigt sie ihren Babybauch und mal wird etwas Freches in die Füller der Journalisten diktiert. In der Öffentlichkeit legt sie auf Optik wert, kokettiert aber auch gern einmal mit dem einen oder anderen Kilo.*

**Mögliche Positionierung:** *Mediale Allrounderin mit Humor, Intelligenz, einem Schuss positiver Frechheit und blonder „Frauenpower-Mähne". Die Allzweckwaffe für den Mainstream, Galas und nahezu alle Zielgruppen.*

### Stefan Raab

*Stefan Raab, inzwischen fast in allen Genres der Unterhaltung unterwegs. Von der klassischen Show TVtotal, SCHLAG DEN RAAB bis zum neuen Politmagazin „Absolute Mehrheit". Stefan Raab scheint nahezu überall zu sein. Von Anfang an als MTV-Moderator hat sich Stefan Raab nie angepasst gezeigt und sich immer wieder neu erfunden – nein, nicht sich, sondern nur die Aktionen um sich herum! Der erste richtige Erfolg mit breiter Öffentlichkeit war TVtotal. In dieser Show nutzt Stefan Raab Ausschnitte anderer Programme, um diese neu gemixt zu einem neuen Produkt zu machen; und dies mit großem Erfolg. Er ist das Enfant Terrible, benutzt Menschen in dem er sie enttarnt und vor fast keiner Peinlichkeit zurückschreckt. Interessante Gäste, die häufig leider eher seiner eigenen Inszenierung dienen, runden das Konzept ab. Als TVtotal „in die Jahre kam" und die mediale Wirkung an eine erste Grenze stieß, folgten neue Aktionen, die Raab als Entertainer etablierten. Grand Prix-Teilnahme und Boxkämpfe, Poker-Events und natürlich die WOK-WM. Mit der Kooperation mit der ARD, dem Casting „Unser Star für OSLO", dem grandiosen Erfolg von Lena Meyer-Landrut und seinem neuen Politmagazin „Absolute Mehrheit" ist er endgültig in der 1. Liga angekommen. Hat sich Stefan Raab auf diesem Weg verändert? Nein überhaupt nicht, die Aktivitäten haben sich geändert, doch das Bild „maximaler Spontanität" hat Stefan Raab kontinuierlich penetriert und das immer professionell und mit einem Augenzwinkern. Er spielt mit ethischen Grenzen, da er diese aber nie wirklich überschreitet, bleibt er immer noch greifbar für die Masse und eignete sich sogar zeitweise als Werbefigur für McDonald's. Die Ziele einer hohen Aufmerksamkeit für seine Person (Platten, Werbung, etc.) und seiner Show (Einschaltquote, Werbezeiten, etc.) erreicht er in bemerkenswerter Manier. So wird man als Person zur ICH-Marke – Glückwunsch.*

**Mögliche Positionierung:** *Professioneller Entertainer, mit dem Schuss positiver Frechheit, geplanter Unverschämtheit und maximaler Spontanität. Ein Bild, das die Zielgruppe als attraktiv erkennt.*

### Günther Jauch

*Zu Jauch braucht man eigentlich nicht zu sagen. Er ist im Ranking des Werbewirkungspotenzials unangefochten die Nr. 1 (Quelle: Agentur Celebrity Performance). Jeder kennt den inzwischen 56-jährigen Moderator, Talkmaster und Medienprofi. Er ist absolut in der Mitte der Gesellschaft angekommen und erhält nicht nur Fernsehpreise, sondern auch Auszeichnungen wie die Goldene Henne 2012 und die Schinkelmedaille. Selbst Laudatoren aus der Politik können sich der „Magie" des normalen Menschen Günther Jauch kaum entziehen und finden sehr persönliche Worte: „Irgendwie sieht er doch immer noch aus wie ein großer Junge" (Minister de Maiziere, Goldene Henne 2012) und „Stadtbürger wie ihn kann sich jeder Bürgermeister nur wünschen" (Brandenburgs Ministerpräsidenten Matthias Platzeck bei* der Verleihung der Schinkel Medaille). Günther Jauch ist immer Journalist, kühler Frager und doch kommen die Menschen scheinbar leicht an ihn heran, zumindest emotional.

**Mögliche Positionierung:** Durch die Kombination von journalistischer, sachlicher Distanz und die glaubhafte Darstellung emotionaler, persönlicher Betroffenheit ist Günther Jauch Ikone für das gesamte Medienpublikum.

### Felix Magath

*Medizinbälle, der Hügel des Grauens, Treppentraining und das Prädikat „Quälix" sind unausweichlich mit dem Fußballtrainer Felix Magath verbunden. Er ist laut Medienberichten, bekannt dafür, seine Spieler hart ranzunehmen. Schon legendär ist die Fitness der Magath-Mannschaften. Von dem Spieler Jan Fjortoft ist ein Zitat aus dem Jahr 2000 überliefert: „Ob Felix Magath die Titanic gerettet hätte, weiß ich nicht. Aber die Überlebenden wären topfit gewesen." Er steht aber auch für umfänglichen Verantwortungsanspruch und signalisiert stets, dass er Herr der Lage ist und weiß was er tut bzw. was zu tun ist. Auf der anderen Seite wirkt er im Heer der Fußballer als Intellektueller und als Mann, der in der Lage ist, klare und geschliffene Aussagen zu transportieren. Trotz der „Härte" steht er für eine positive und moderne Kommunikation mit allen an seiner Tätigkeit Beteiligten, vom Konzernboss bis hin zum Fan. So hat Magath inzwischen auch eine Facebook-Seite. Nach eigenem Bekunden stellt er somit sicher, dass seine Aussagen und Ansichten unverfälscht in die Öffentlichkeit gelangen. Auch bezieht er Stellung zu Themen, die im Tagesgeschäft der Bundesliga oft untergehen oder keine Beachtung finden.*

**Mögliche Positionierung:** *Intelligenter Erfolgstrainer mit Machtanspruch und klarer Vorstellung zur Trainingssystematik, zur Fitness und zum Management einer erfolgreichen Fußballmannschaft.*

### Sven Gerich

*Sven Gerich ist seit 2013 Oberbürgermeister der Stadt Wiesbaden in Hessen. Mit seinem Beispiel habe ich eine Ausnahme gemacht, denn die Positionierung von Politikern folgt nicht selten tagesaktuellen Themen der jeweiligen Partei. Dies ist auch der Grund dafür, dass in der Bevölkerung viele Politiker nicht mehr unterscheidbar sind. Einen Franz-Joseph Strauß, einen Herbert Wehner und einen Helmut Schmidt erkannte in ihrer Zeit jeder, denn fast jeder hatte ein dezidiertes Bild von diesen Politikern. Doch zurück zu Sven Gerich, den ich in diese Beispiele aufgenommen habe, da hier eine klare Wettbewerbspositionierung erkennbar ist. Mit dieser Positionierung hat es Sven Gerich im Jahr 2013 sensationell geschafft,*

**Abb. 3.6** Das Step-3-Modell

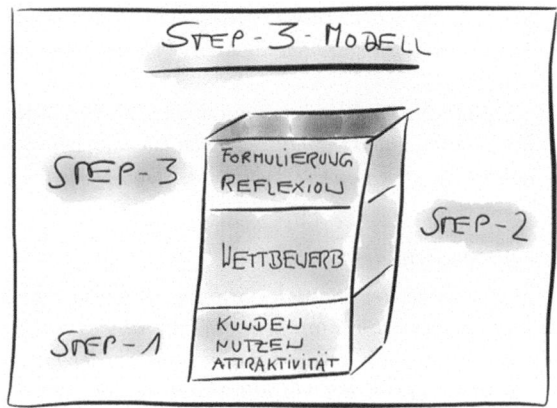

den hoch favorisierten Amtsinhaber Dr. Helmut Müller als Oberbürgermeister der Landeshauptstadt Wiesbaden abzulösen.

Der Slogan „Mittendrin statt über allem", positionierte ihn komplett gegen den Gegenkandidaten, der seine Stadt nicht unsympathisch und professionell führte sowie eine wirtschaftlich gesunde Stadt hinterließ. Der vielleicht einzige „Makel" war die gefühlte „Unnahbarkeit" oder besser gesagt der Abstand zum Wahlvolk. Genau dies greift die Positionierung von Sven Gerich auf. Er positionierte sich als netter Mensch und Nachbar, der die Nöte Anderer kennt. Daneben ging er sehr offen mit seiner Vergangenheit im Kinderheim und seiner Homosexualität um. Er positionierte sich als dynamisch, nah, bodenständig und als einer der mitten aus der Gesellschaft kommt.

Dieses Beispiel zeigt, wie wichtig es in der Karriere ist auch den Wettbewerb zu beobachten und sich mit den eigenen Stärken gezielt und damit erkennbar zu positionieren.

**Mögliche Positionierung:** Sven Gerich, der sympathische, glaubwürdige Kandidat aus der Mitte der Gesellschaft. Er weiß, was die Menschen und was Sie persönlich bewegt.

### 3.6.4 Die persönliche Positionierung Ihrer Person

Zur Formulierung der individuellen Positionierung nutzen Sie das „Step-3-Modell". Mithilfe dieses Modells ergibt sich ein die eigene Person widerspiegelndes, eindeutiges Statement. Durch das „Step-3-Modell" (Abb. 3.6) finden Aspekte der Zielgruppe und des Wettbewerbs Berücksichtigung. Die Reflexion der Umsetzbarkeit stellt sicher, dass die gewählte Positionierung „passt".

## 3.6 Positionierung

**Step-1: Kunden-Nutzen-Attraktivität** Beantworten Sie die folgenden Fragen, um herauszuarbeiten, welchen Nutzen die Zielgruppe aus Ihren Stärken und Ihrer Performance ziehen kann.

- Auf welche Zielgruppe gilt es zu fokussieren, um meine Ziele zu erreichen?
- Wie kann die Zielgruppe charakterisiert werden (Werte, Erwartungen, eigene Ziele – siehe Zielgruppenanalyse)?
- Welches Bild hat meine Zielgruppe und mein Umfeld (beruflich, privat) von mir (siehe Fremdbild-Analyse)?
- Was habe ich zu bieten (Stärken, Leistungen)?
- Welcher Nutzen ergibt sich daraus für meine Zielgruppe, mein Umfeld, mein Team, das Unternehmen?

**Step-2: Wettbewerb** Beantworten Sie die folgenden Fragen, um herauszuarbeiten, ob sich aus dem Stärken/Nutzenprofil etwas „Einzigartiges" im Vergleich zu Ihren Wettbewerbern herausarbeiten lässt.

- Welche Stärken (z. B. Kommunikationsstärke, Netzwerke) haben meine Wettbewerber?
- Welcher Nutzen kann daraus für die Zielgruppe generiert werden?
- Wie schwierig ist es für Kollegen oder andere Personen (Wettbewerber) einen ähnlichen Nutzen zu bieten wie ich?

**Step-3: Formulierung und Reflexion** Formulieren Sie Ihre Positionierung nun als kurzes Statement mit maximal 20 Worten. Jedes weitere Wort mag zwar auch richtig sein, läuft aber der Klarheit Ihrer Positionierung entgegen. Die folgenden Fragen sichern die Konsistenz mit Ihrem aktuellen Image und die Attraktivität für Ihre Zielgruppe. Alle folgenden Fragen müssen mit einem „JA" beantwortet werden. Ein „NEIN" bedeutet zurück zu Step-1, Step-2 und die Umformulierung des Positionierungsstatements.

- Ist die Positionierung konsistent mit meinen Stärken?
- Ist die Positionierung konsistent mit dem existierenden Image?
- Befriedigt die Positionierung den bestehenden oder künftigen Bedarf des Kunden und benennt sie den Kundennutzen?
- Ist die Positionierung nur außerordentlich schwer zu imitieren?
- Ist die Positionierung konsistent, glaubwürdig und basiert diese auf realen Stärken und Fakten?

Wenn Sie das Positionierungsstatement finalisiert haben – herzlichen Glückwunsch! Doch jetzt beginnt der anstrengende Teil – die Umsetzung. Konzentrieren Sie sich auf Ihre persönliche Positionierung, verfolgen Sie diese konsequent und machen Sie sich damit zum „Markenartikel".

### Stephan S. – Positionierung

*Nach fünf Jahren in der Entwicklungsabteilung für Produkt- und Testsysteme strebt Stephan S. als langfristiges Ziel die Position eines Regionalverkaufsleiters im Bereich Diagnostikvertrieb an. Als mittelfristiges Ziel möchte er den Einstieg in den Außendienst schaffen. Aus Gesprächen mit Vertriebskollegen weiß Stephan S., dass es nicht ein einziges Verkäuferprofil gibt. Die Kombination persönlicher und fachlicher Kompetenz, gepaart mit einer positiven Persönlichkeit, wird aber immer wieder als „im Außendienst Erfolg versprechend" zitiert. Zur Formulierung der Positionierung benutzt Stephan S. das vorgestellte „Step-3-Modell".*

**Step-1: Kunden-Nutzen-Attraktivität**
- *Auf welche Zielgruppe gilt es zu fokussieren, um meine Ziele zu erreichen?*
- *Antwort: Vertriebsleiter (VL), Personalleiter (PL), aktueller Vorgesetzter (R&D).*
- *Wie kann die Zielgruppe charakterisiert werden (Werte, Erwartungen, eigene Ziele)?*
- *Antwort: Der VL ist stark ergebnisorientiert, erwartet volles Engagement für Unter-nehmen und das Vertriebsteam. Er arbeitet stetig daran, das fachliche Know-how des Vertriebsteams so hoch wie möglich zu halten. Er selbst hat Ambitionen auf die Position als Geschäftsführer. Der PL unterstützte in der Vergangenheit Karrieren über Abteilungen hinweg. Er ist leistungsorientiert und erwartet, dass er über alles informiert ist. Er selbst ist als PL am Ziel seiner Karriere angekommen. Der Vorgesetzte versteht von Vertrieb nichts und ist sich bewusst, dass dies seine Effektivität limitiert. Im direkten Kundenkontakt tut er sich eher schwer. Er ist traditionell und sieht die Führung seiner R&D-Teams als Lebensaufgabe.*
- *Welches Bild hat meine Zielgruppe und mein Umfeld (beruflich, privat) von mir?*
- *Antwort: Der VL kennt Stephan S. aus Projektteams und mag seine konsequente und kompetente Art. Der Vorgesetzte sieht ihn als „zielstrebige und positiv kompetente Persönlichkeit". Der PL hat schon häufiger geäußert, dass er besonders die Gewissen-haftigkeit, die Kompetenz und die Initiative an Stephan S. schätzt.*
- *Was habe ich zu bieten (Stärken, Leistungen)?*

## 3.6 Positionierung

- *Antwort: großes Know-how, gewissenhafte Umsetzung von Projekten und Aufgaben, guter und offener Kommunikationsstil, Zielorientiertheit. Ich kann über Grenzen und Limitierungen hinwegdenken und finde immer Lösungen für Herausforderungen.*
- *Welcher Nutzen ergibt sich daraus für meine Zielgruppe, mein Umfeld, mein Team, das Unternehmen?*
- *Antwort: Der Nutzen ergibt sich für den Vertriebsleiter dadurch, dass er mit Stephan S. einen Mitarbeiter im Team hätte, der nach innen als Kompetenzzentrum wirkt und nach außen durch die Kombination von Wissen, Offenheit und Visualisierungsfähigkeit zu einem sehr erfolgreichen Vertriebsmitarbeiter entwickelt werden kann. Sein anwendbares Know-how erhöht die Attraktivität zusätzlich. Aktueller Vorgesetzter: Durch den Kontakt zu seinem potenziellen Ex-Mitarbeiter erhält der Leiter der Entwicklungsabteilung direkten Zugang zum Markt und zu Markttrends. Stephan S. versteht die Denkweise der Entwicklung und kann so detaillierte Rückmeldungen aus dem Markt liefern. Personalchef: Er arbeitet an einem Projekt der Verzahnung von Innendienst und Außendienst, um eine höhere Identifikation mit dem Unternehmen zu schaffen. Stephan S. als „Testperson" stellt für den Personalchef einen außerordentlichen Nutzen dar.*

**Step-2: Wettbewerb**
- *Welche Stärken (Kommunikation, Kontakte, Netzwerke,...) haben meine Wettbewerber?*
  *Antwort: Innerbetrieblich sieht er keine Person, die eine ähnliche Kombination aus technischem Know-how und Eignung für den Vertrieb anbieten kann. Er sieht lediglich externe „reine" Vertriebsleute als Wettbewerb.*
- *Welcher Nutzen kann daraus für die Zielgruppe generiert werden?*
  *Antwort: Lediglich für den VL könnte die Aussicht auf einen eingearbeiteten Vertriebsmitarbeiter von Nutzen sein. Er würde sich eine tiefe Einarbeitung ersparen können. Demgegenüber bietet Stephan S. eine Reihe von zusätzlichen Nutzenaspekten.*
- *Wie schwierig ist es für Kollegen oder andere Personen (Wettbewerber), einen ähnlichen Nutzen zu bieten wie ich?*
  *Antwort: Schwierig, denn die Kombination Erfahrung in R&D, hohes Know-how in Bezug auf eigene Technologien und Kenntnisse des Unternehmens sind nur schwer zu imitieren.*

**Step-3: Formulierung und Reflexion**
*Positionierungsaussage: „Kompetenter und kommunikativer Überzeuger mit hohem technischen Know-how. Ich bin Grenzgänger zwischen Technologie und*

*Vertrieb, mit Stärken in der zielstrebigen, konsequenten Zielumsetzung und dem Finden von Lösungen."*

*Reflexion der Umsetzung: Folgende Fragen und Punkte sind zu bewerten. Alle Punkte müssen mit einem klaren „JA" beantwortet werden können.*

- *Ist die Positionierung konsistent mit meinen Stärken? JA.*
- *Ist die Positionierung konsistent mit dem existierenden Image? JA.*
- *Befriedigt die Positionierung den bestehenden oder künftigen Bedarf des Kunden und benennt sie den Kundennutzen? JA.*
- *Ist die Positionierung nur außerordentlich schwer zu imitieren? JA.*
- *Ist die Positionierung konsistent, glaubwürdig und basiert diese auf realen Stärken und Fakten? JA.*

*Zusätzlich hat Stephan S. die Positionierung gegen die Erwartungen seiner Hauptzielperson „Vertriebsleiter" reflektiert: Die Positionierung ist nahezu maßgeschneidert für den Vertriebsleiter, der als Praktiker die interessante Kombination aus „Know-how" und „Soft Skills" erkennen wird. Wichtig ist aber sicher auch die Betonung der Zielstrebigkeit gegenüber dem Vertriebsleiter, denn er weiß, dass rein technisch orientierte Verkaufsgespräche den Kunden zwar „schlauer" machen, in der Regel aber seltener zu Geschäftsabschlüssen führen.*

## 3.7 Strategie und Aktion

Die **Strategie** ist eine generelle Stoßrichtung. Sie beschreibt den Weg, um die Differenz zwischen dem objektiven Status quo und der in der Positionierung formulierten Zielvorstellung zu überwinden. Entsprechend wird in der Strategieaussage der taktische Weg festgelegt, um fixierte Ziele erreichbar zu machen. In **Aktionen** wird der Einsatz der Ressourcen definiert um die Strategie operativ umzusetzen. Die Qualität der Durchführung von Aktionen differenziert Unternehmen und Produkte von deren Wettbewerb.

In diesem Kapitel werden Strategien und Strategieschwerpunkte aus Industrie und Wirtschaft beschrieben. Die Verknüpfung strategischer Aktionen mit strategischen Schwerpunkten erfolgt über die sogenannte „Aktivitäten-Landkarte" die auf Michael E. Porter zurückgeht. Die Formulierung Ihrer „persönlichen Erfolgsstrategie" wird intensiv besprochen und durch Typ-Strategien, wie auch das Beispiel „Stephan S.", verdeutlicht.

## 3.7.1 Strategie

**Stra|te|gie** [gr.-lat.(fr.)] **die;** -,...**en** Genauer Plan des eigenen Vorgehens, der dazu dient, ein militärisches, politisches, psychologisches o. ä. Ziel zu erreichen, u. in dem man diejenigen Faktoren, die in die eigenen Faktoren hineinspielen können, von vornherein einzukalkulieren versucht. (aus: Duden 5, Fremdwörterbuch)

> „Marketingstrategien beinhalten den wohlüberlegten, gerichteten Einsatz verschiedener Marketing-Ressourcen, um ein Produkt zu verkaufen bzw. ein Angebot zu offerieren – und dies mittels einer gut gewählten Positionierung. Die Marketingstrategie ist ein allgemeines Statement, das zusammenfasst, wie die zur Verfügung stehenden Ressourcen konsistent mit der Positionierung und der Geschäftsidee eingesetzt werden." (aus: INNOVARA, Inc., „Marketing Plan in Action", 1995)

Übersetzt ist die Strategie eine generelle Stoßrichtung. Sie beschreibt den Weg, um die Differenz zwischen dem objektiven Status quo und der in der Positionierung formulierten Zielvorstellung zu überwinden. Entsprechend wird in der Strategieaussage der taktische Weg festgelegt, um fixierte Ziele erreichbar zu machen.

Basis für ein erfolgreiches persönliches Marketing und den persönlichen Erfolg sind eine gute, die eigene Person wiedergebende Positionierung und eine Strategie, die das persönliche Vorgehen definiert. Gezielte Aktionen setzen die Strategie um. Stehen die Positionierung und die Strategie, gilt es entsprechende Aktionen zu definieren, die der gezielten Beeinflussung des Marktes dienen und die Strategie letztendlich operativ umsetzen. Im Personenmarketing konzentrieren sich Aktionen häufig auf die Bereiche Wissensausbau, Kontaktaufbau, Horizonterweiterung und die Kommunikation der persönlichen Leistungen.

Aus diesen Definitionen und Beschreibungen geht eines deutlich hervor: Die Strategie ist immer Mittel zu Zweck, um ein Ziel zu erreichen. Ressourcen werden konsistent mit der Positionierung eingesetzt. Die Aktionen setzen die Strategie entlang des definierten taktischen Weges operativ um.

▶ Die Strategie ist eine generelle Stoßrichtung, um Ziele mittels Positionierung zu erreichen.
Strategien bauen auf reale Stärken, eine klare Positionierung und werden durch zielgerichtete Aktionen umgesetzt.

**Strategien in der Industrie und im Produktmarketing** Die Strategie ist für jedes Unternehmen individuell. Aufgrund von unterschiedlichen Produkten, Dienstleistungen und der Stärken eines Unternehmens (z. B. Produktqualität, Kostenstruktur, technisches Know-how, Qualität und Ausbildungsstand der Mitarbeiter, Prozessqualität) können sehr unterschiedliche Strategien erfolgreich umgesetzt werden. Entsprechend der Stärken des Geschäftsmodells und des Markt- und Wettbewerbsumfelds werden durchaus sehr unterschiedliche Strategieschwerpunkte verfolgt. Die Strategieschwerpunkte fokussieren zumeist auf das Produkt oder auf die Produktkommunikation. Im Bereich „Produkt" steht im Mittelpunkt der Strategie das Produkt, seine Stärken und der direkte Nutzen. Im Bereich „Kommunikation" stehen die Attraktivität des Produktes und der Imagetransfer im Fokus. Nachfolgend einige Beispiele:

**Strategieschwerpunkte – Produkt**
- **Portfolio-Strategie**: „Wir haben alles."
- **Dienstleistungs-Strategie:** „Unser Service ist der beste."
- **Design-Strategie**: „Bestes Design und Image"
- **Preis-Strategie**: „Wir machen es am billigsten."
- **Technologie- und Innovations-Strategie**: „Wir sind technologisch die besten."
- **Qualitäts-Strategie**: „Qualität und Zuverlässigkeit"

**Strategieschwerpunkte – Kommunikation**
- **Marktführer-Strategie:** „Wir führen den Markt und den Kunden."
- **Kundenbindungs-Strategie**: „Wir nutzen unsere Top-Beziehung zu unserem Kunden."
- **Image-Strategie:** „Wir prägen das Image unserer Kunden."

Ein Beispiel für eine Marktführer- und Innovator-Strategie ist aus meiner Sicht beim US-Mischkonzern Procter & Gamble (Pampers, Always, Fairy, Wick, Pantene, Dash, Gilette) zu erkennen. Ein neues Produkt wird mit neuer Marke und viel Push über die Verbraucherwerbung eingeführt. Danach wird die erreichte Position, sofern das Produkt erfolgreich läuft, weiterhin durch massiven Werbeaufwand gepusht. Hat sich das Produkt im Massenmarkt endgültig etabliert, wird das Produkt zu einer Cash-Cow. Kommunikativ folgt Phase-2. Ein neues Produkt wird unter derselben Marke, aber mit „neuer" Performance, eingeführt. Parallel werden Nebenmarken aufgebaut. Ein Beispiel dafür ist das Sortiment für Pampers Windeln. Hier gibt es immer wieder neue Subbrands (Boys + Girls, Easy Pants,...) mit neuen Eigenschaften. Das existierende Produkt wird ertragsbezogen abgeschöpft. Procter & Gamble praktiziert diese auf Marktführerschaft und schnellen Produktwechsel ausgerichtete Strategie entlang der folgenden Punkte sehr erfolgreich. Charakteristisch für diese Vorgehensweise sind:

- Kontinuierliche Produktinnovation
- Konsistente Qualität
- Multi-Marken Strategie eröffnet Marktdominanz

## 3.7 Strategie und Aktion

- Erweiterung der Marken
- Hoher Werbeaufwand
- Aggressive Verkaufsorganisation
- Sehr professionell getestete Verkaufsaktionen
- Maximale Produktions- und Marketingeffektivität
- Effektives und gezieltes Markenmanagement

### 3.7.2 Aktionen

**Aktionen und der Einsatz von Ressourcen** Wie oben bereits beschrieben, ist die Strategie direkt mit einem Aktionsplan zu verknüpfen. In den Aktionen werden der Einsatz der Ressourcen definiert und die Strategie operativ umgesetzt. Die Qualität der Durchführung von Aktionen und der geschickte Einsatz von Ressourcen differenzieren ein Unternehmen und ein Produkt vom Wettbewerb.

▶ Strategien legen den taktischen Weg fest.
  Durch Aktionen werden Strategien
  sichtbar und operativ umgesetzt.

Eine wichtige Maxime für die Gestaltung und Planung erfolgreicher Aktionen und Geschäftsmodelle lautet: „Mache die Dinge anders oder mache Ähnliches besser."

▶ Mache Dinge anders
  oder mache Ähnliches besser.

Dieser Satz zielt direkt auf die Qualität der Durchführung und die Qualität der Auswahl von Aktionen. Das Kopieren erfolgreicher Modelle limitiert den Erfolg, denn der „First Mover" ist denen, die ihn kopieren, in der Regel immer einen Schritt voraus. „Mache Dinge anders" – dies zeichnet gerade die erste und erfolgreichste Billigfluglinie **Southwest Airline** aus, die ein gegenüber etablierten Fluglinien komplett neues Konzept entwickelte und sich durch perfekt verzahnte Aktionen erfolgreich etablieren konnte. Auch Apple folgte und folgt dieser Maxime. Apple denkt einfach anders und hat mit iPod, iPhone und noch deutlicher mit dem iPad neue Produktkategorien geschaffen.

Auch **Jack Welch**, Managementlegende und 20 Jahre CEO von General Electrics (GE) machte viele Dinge anders als andere Manager und Wettbewerber. Sein Erfolg bestand darin, ähnliche Dinge immer zielgerichteter, konsequenter, innovativer und damit einfach besser als andere zu machen. Dabei beschränkte er sich

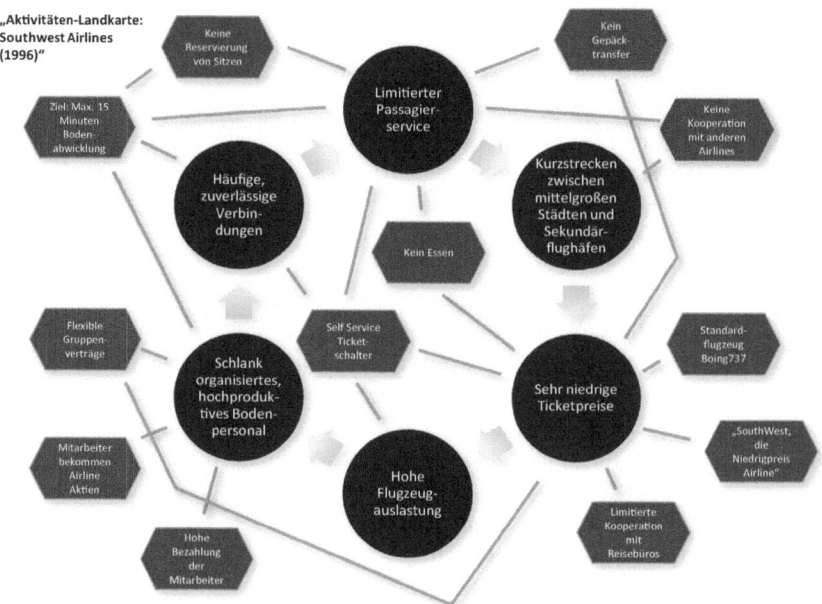

**Abb. 3.7** Aktivitäten-Landkarte Southwest Airlines

nicht nur auf die Produkte, sondern auch auf die Servicequalität und GE-interne Managementpraktiken.

Die Auswahl von Aktionen und die Art der Umsetzung orientieren sich immer an der gewählten Positionierung und der Strategie. Die Sicherstellung der Konsistenz und Verzahnung aller Aktionen untereinander sichert den maximalen Effekt.

**Aktionen – Verstärkung durch Verknüpfung** Im Folgenden möchte ich die „Aktivitäten-Landkarte" vorstellen, die der US-amerikanische Marketing-Guru Michael E. Porter entwickelte. Die „Aktivitäten-Landkarte" (siehe Abb. 3.7) stellt die Verknüpfung der Aktionen mit den Strategieschwerpunkten einer Strategie sicher.

▶ „Positioning choices determine not only which activities a company will perform and how it will configure individual activities
but also how activities related to one another."
(Michael E. Porter, Universitätsprofessor für Wirtschaftswissenschaft an der Harvard Business School)

## 3.7 Strategie und Aktion

Das Zitat verdeutlicht die funktionale Reichweite der Positionierung und der Strategie in Bezug auf die zu planenden Aktionen. Die Positionierung bestimmt, welche Aktivitäten wie und in welchem Bezug zueinander durchgeführt werden. Die operative Qualität der Aktionen ergibt sich aus der Qualität der Umsetzung und der Funktionalität jeder Aktion. Die Strategie muss demgegenüber die taktische Kombination der Aktivitäten berücksichtigen. Die Strategieschwerpunkte (Taktik) bilden clusterartige Zentren, die durch flankierende Aktivitäten und Maßnahmen umgesetzt und miteinander vernetzt werden. In seinem Artikel hebt Michael E. Porter die Bedeutung der Verknüpfung von Aktionen für die Abgrenzung gegenüber dem Wettbewerb besonders hervor. Ein optimiertes Aktionsnetz macht es jedem Wettbewerber außerordentlich schwer, wenn nicht gar unmöglich, das Businessmodell zu imitieren. Die Grafik zeigt die vereinfachte „Aktivitäten-Landkarte" der Billigfluglinie Southwest Airlines. Wie zu erkennen ist, zeigen sich viele Parallelen, strategisch wie aktionsorientiert, mit den seit einigen Jahren in Europa agierenden Billigfluglinien vom Schlage Ryanair.

Die Umsetzung der Aktionen ist die Nagelprobe für jede Strategie, denn die größte Gefahr für die Strategie kommt von innen. Inkonsequenz und Unstetigkeit in der Verfolgung der Strategie lassen häufig die schönsten Ziele, die beste Positionierung und eine gute Strategie mit konsistenten Aktivitäten in der Phase der operativen Umsetzung glatt scheitern. Der Erfolgsfaktor schlechthin ist die konsequente Umsetzung der geplanten Aktionen.

### 3.7.3 Ihre persönliche Erfolgsstrategie

Die Strategie beschreibt den strategisch-taktischen Weg, um die Differenz zwischen dem objektiven Status quo und den fixierten Zielen zu überbrücken. Grundlage für persönlichen Erfolg sind ein klares Ziel, eine die eigene Person wiedergebende Positionierung und eine Strategie, die das persönliche Vorgehen definiert. Gezielte Aktionen setzen die Strategie operativ um. Im Personenmarketing konzentrieren sich Aktionen häufig auf die Bereiche Ausbau von Wissens, Ausbau von Kontakten (Netzwerk), Erweiterung des Erfahrungshorizontes und die Steigerung der Kommunikationsqualität.

In der persönlichen Strategieaussage gilt es die generelle Stoßrichtung und den taktischen Weg für das eigene Handeln zu definieren. Der folgende sechsstufige Prozess strukturiert die Erarbeitung einer persönlichen Erfolgsstrategie, sowie die Entwicklung und Umsetzung von Aktionen.

### 3.7.3.1 Zielsetzung nach der „SMART-Formel"

Werden Sie sich Ihrer Ziele bewusst, formulieren Sie diese Ziele klar und umsetzungsorientiert entsprechend der „SMART-Formel". Erstellen Sie damit den Fahrplan für Ihre Karriere.

---

**Stephan S. – Ziele**

*Nach fünf Jahren in der Entwicklungsabteilung für Produkt- und Testsysteme strebt Stephan S. als langfristiges Ziel die Position eines Regionalverkaufsleiters im Bereich Diagnostikvertrieb an. Als mittelfristiges Ziel möchte er den Einstieg in den Außendienst schaffen. Auf dieser Basis hat Stephan S. seine operativen Nahziele formuliert. Er möchte bestehende Kontakte in den Vertrieb und zu Kunden ausbauen. Den Kontakt zu dem Vertriebsleiter Deutschland gilt es weiter zu intensivieren. Außerdem wird er seine Ziele an seinen Vorgesetzten und an die Personalleitung kommunizieren.*

---

### 3.7.3.2 Positionierung

Wie ausgeführt, gilt es eine einzigartige, positiv abgrenzende Positionierung zu formulieren. Die Positionierung ist immer konsistent mit der eigenen Person, den eigenen Stärken und dem Leistungspotenzial. Besonders wichtig ist die Attraktivität für die Zielgruppe und das berufliche Umfeld. Ein Vorteil oder eine Stärke ist für die Zielgruppe nur dann attraktiv, wenn sich daraus ein Nutzen ableiten lässt. Mit Hilfe des „Step-3-Modells" gelingt die Formulierung einer gezielten und umsetzbaren Positionierungsaussage.

---

**Stephan S. – Positionierung**

*„Kompetenter und kommunikativer Überzeuger mit hohem technischen Knowhow. Ich bin Grenzgänger zwischen Technologie und Vertrieb, mit Stärken in der zielstrebigen, konsequenten Zielumsetzung und dem Finden von Lösungen."*

---

### 3.7.3.3 Strategieaussage

Um eine mit der Positionierung stimmige Strategie zu formulieren, empfehle ich die Beantwortung der folgenden sieben Fragen. Den meisten dieser Fragen haben Sie sich bereits im Laufe der verschiedenen Kapitel gewidmet. Schreiben Sie die Antworten trotzdem nochmals auf. Die Aktionen müssen noch nicht beschrieben werden, da sich diese quasi automatisch aus der Strategie ergeben.

## 3.7 Strategie und Aktion

1. Welche Stärken charakterisieren Sie?
2. Wie treten „Wettbewerber" auf (z. B. Positionierung, Kommunikation)?
3. Welche Stärken und Inhalte sollen kommuniziert, welche Themen besetzt werden?
4. Wie sollen die Stärken kommuniziert werden?
5. Welche persönlichen Aspekte sollen definitiv nicht kommuniziert werden?
6. Welche privaten Aktivitäten sollen Image bildend verwendet werden?
7. Welche finanziellen Ressourcen stehen zur Verfügung?

**Stephan S. – Antworten**

1. *Welche Stärken charakterisieren Sie?*
   *Antwort: Hohe fachliche Kompetenz. Ideenreichtum. Angenehm, konsequent und strukturiert. Gewissenhaft und manchmal detailverliebt. Hohes Kommunikations- und Einfühlungsvermögen, gepaart mit der Fähigkeit, Zusammenhänge zu visualisieren. Betriebswirtschaftliches Grundlagenwissen. Diskussions- und Verhandlungssicherheit.*
2. *Wie treten Wettbewerber auf?*
   *Antwort: Die Wettbewerber verkaufen sich offensiv, häufig aber ohne echte Wissensbasis.*
3. *Welche Stärken und Themen sollen besetzt werden?*
   *Antwort: Fachliche Kompetenz, hohe Kommunikations- und Überzeugungskompetenz. Einfühlungsvermögen (auf Kunden). Die strukturierte und konsequente Arbeitsweise. BWL-Grundlagen. Hauptthema: Kompetenz und Überzeugungskraft.*
4. *Wie sollen die Stärken kommuniziert werden?*
   *Antwort: Die Kommunikation erfolgt gezielt, mit ruhiger Hand und dem Wissen, um die eigenen Stärken.*
5. *Welche Punkte sollen definitiv nicht kommuniziert werden?*
   *Antwort: Detailverliebtheit.*
6. *Welche privaten Aktivitäten sollen Image bildend verwendet werden?*
   *Antwort: Sportliche Fitness, positive Wirkung des familiären Umfeldes.*
7. *Welche finanziellen Ressourcen stehen zur Verfügung?*
   *Antwort: Stephan S. hat ein Budget von 1.500 € für privat finanzierte Fortbildungen pro Jahr eingeplant.*

An dem Beispiel von Stephan S. wird deutlich, wie sich aus den Antworten der sieben Fragen strukturiert die Strategieaussage entwickelt. Die Strategieaussage steht damit auf einem realen Fundament und ist deshalb konkret und umsetzbar.

> **Stephan S. – Strategie: Kontakt- und Informationsstrategie**
>
> *„Durch gezielte Kommunikation und die Einbringung meiner Person in Prozesse und Projekte möchte ich mich in den nächsten sechs Monaten als kommunikativer Überzeuger etablieren. In dieser Zeit gilt es relevante interne, wie externe Kontakte aufzubauen. Die Kommunikation von extern besuchten Seminaren, privater Erfahrungen und das Ausleben meiner Kommunikations- und Präsentationsfähigkeit sind Eckpfeiler meiner Strategie und werden ruhig, aber bestimmt penetriert. Die schon gut etablierten Punkte Kompetenz, Konsequenz, Gewissenhaftigkeit und Zielstrebigkeit werden durch die Qualität der täglichen Routine weiter manifestiert."*

### 3.7.3.4 Aktionsplan

Während die Strategie festlegt, wohin der Weg taktisch geht, garantiert der Aktionsplan die operative Umsetzung. Um den Überblick bei der Entwicklung von Aktionen zu behalten, empfehle ich, die Aktionen in einer „Aktivitäten-Landkarte" (siehe Abb. 3.8) darzustellen. Die Aktionen (Sechsecke) werden Strategieschwerpunkten (Kreise) zugeordnet. Die vier Strategieschwerpunkte von Stephan S. sind:

1. Aufbau von Wissen und Horizont erweitern
2. Kontakte aufbauen
3. Aufmerksamkeit im Umfeld erzeugen
4. Ziele im Tagesgeschäft erreichen

> **Stephan S. – Aktionen**
>
> *Aus der Positionierung und der Strategie von Stephan S. werden insgesamt vier Strategieschwerpunkte abgeleitet. Um diese Strategieschwerpunkte herum werden konkrete Aktionen erarbeitet. Die Konsistenz der Aktionen wird durch die „Aktivitäten-Landkarte" gesichert und visualisiert.*
>
> **Schwerpunkt 1: Wissen aufbauen & Horizont erweitern**
> - *Wirtschaftsmagazine lesen (WiWo, Harvard Business Manager, Brand eins)*
> - *Seminare besuchen (Verkaufstechniken und -rhetorik, Soft Skills/private Anbieter, VHS)*
> - *Gespräche mit Netzwerk, Kollegen und Mentoren suchen*
> - *Fachfremde Themen aufbauen (z. B. Wein, Kulturen)*

## 3.7 Strategie und Aktion

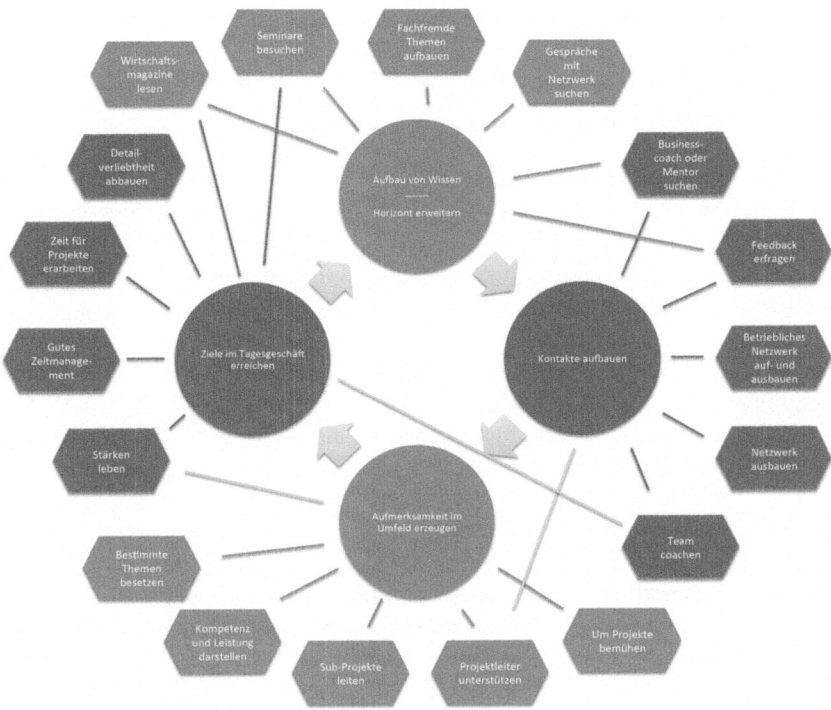

**Abb. 3.8** Aktivitäten-Landkarte für das Personenmarketing

**Schwerpunkt 2: Kontakte aufbauen**
- *Netzwerk aufbauen bzw. Kontakte intensivieren*
- *Innerbetriebliche Netzwerke aufbauen – Kontakte zu VL und Vertrieb aufbauen*
- *Business-Coach und/oder Mentor suchen*
- *Teammitglieder coachen*
- *Feedback erfragen*

**Schwerpunkt 3: Aufmerksamkeit im Umfeld erzeugen**
- *Um Teilnahme an Projekten bemühen*
- *Projektleiter unterstützen, Sub-Projekte leiten*
- *Präsentationen nutzen*
- *Kompetenz und Leistungsfähigkeit darstellen*
- *Bestimmte Themen besetzen*

**Schwerpunkt 4: Ziele im Tagesgeschäft erreichen**
- *Stärken leben (Zeitmanagement, Strukturiertheit)*
- *Gutes Selbstmanagement nutzen, um die Zeit für Projekte herauszuarbeiten*
- *Detailverliebtheit abbauen*

### 3.7.3.5 Konsistenz der Aktionen

Die Notwendigkeit und die herausragende Bedeutung der Verknüpfung von Aktionen wurden im allgemeinen Teil bereits beschrieben. Wenn möglich, sollten die Aktivitäten für mindestens zwei Strategieschwerpunkte wirksam sein. Nur die konsistente Verknüpfung der Aktionen verstärkt die Wirkung aller Anstrengungen. Erstklassiges Hilfsmittel zur konsistenten Verknüpfung der Aktivitäten ist auch im Personenmarketing die Verwendung von „Aktivitäten-Landkarten". Die Verbindungslinien zeigen die Richtung der beabsichtigten Wirkung. Fällt die Zuordnung einer Aktivität schwer, so ist zu hinterfragen, ob die Aktion überhaupt Sinn macht oder besser gestrichen werden sollte.

### 3.7.3.6 Planung der Umsetzung

Nicht nur in Unternehmen geht die größte Gefahr für die Strategie von „innen" aus. Undiszipliniertheit, Inkonsequenz, Mutlosigkeit, Ungeduld und Unstetigkeit bei der Umsetzung geplanter Aktionen sind bei der Durchführung persönlicher Strategien die größten Probleme und lassen die Zielerreichung häufig schon früh kläglich scheitern. Es erfordert persönliche Verantwortung und persönliche Leadership-Qualität, um die angestrebten Ziele auf dem fixierten Weg zu erreichen. Halten Sie in der Umsetzungsphase an Ihrem Weg fest und lassen Sie sich davon nicht abbringen. Es gilt sich mit der Positionierung und Strategie zu identifizieren und Aktionen konsequent und diszipliniert zu verfolgen. Damit beweisen Sie Leadership-Qualität in eigener Sache.

## 3.7.4 Typ-Strategien

Oben wurde das strategische Vorgehen von Procter & Gamble und SWA aus der Sicht des Autors dargestellt. Im Personenmarketing können sogenannte Typ-Strategien definiert werden. Die persönliche Strategieaussage wird durch die Festlegung eines bestimmten Typs bzw. einer bestimmten Positionierung deutlich und greifbar.

Stephan S. hat in der Positionierung den Typ „Überzeuger" gewählt. Für Personen mit anderer Ausbildung, anderen Zielen und davon abweichenden Lebensläu-

## 3.7 Strategie und Aktion

fen gilt es andere Typ-Strategien zu verfolgen. Nachfolgend eine Aufzählung möglicher „Typen" und Positionierungen.

- *Innovator*
- Spezialist
- Kommunikator
- Krisenmanager
- *Visionär*
- Praktiker
- Hans Dampf
- Überzeuger (Stephan S.)
- Verkäufer
- Motivator
- *Stratege*
- Revolutionär
- Bedenkenträger
- Denker
- *Infomations-Netzwerker*
- Überblick(er)
- Coach
- Überflieger
- Machtmensch
- Meinungsführer

Eine lange Liste, die dennoch nie vollständig sein kann. Wenn Sie Ihr Umfeld einmal durchforsten, werden Sie sicher sehr schnell eine Reihe von Imagetypen in der Realität entdecken. Auf die unterstrichenen „Typen" möchte ich im Folgenden näher eingehen. Die Strukturierung geschieht entlang der folgenden vier Punkte:

1. Charakterisierendes Profil
2. Fiktive Ziele
3. Kernpunkte der Typ-Strategie und mögliche Strategieaussage
4. Mögliche Aktionen, die die Typ-Strategien und die Positionierung umsetzen könnten

Die „Ich-Form" soll den persönlichen Charakter der Typ-Strategie unterstreichen.

### 3.7.4.1 Innovator

Der Innovator zeichnet sich durch eine kraftvolle Beziehung zu allem Neuen aus. Er ist der Erste, der die neue Laptop- und Smartphone-Generation in den Händen hält und kennt keinerlei Scheu vor dem noch nicht hundertprozentig Getesteten. Neue Ideen und Konzepte nimmt er schnell an und kommuniziert diese auch. Seine Limitierung besteht nicht selten in der Sprunghaftigkeit und der fehlenden Stetigkeit. Der Innovator beschreitet nicht immer selbst entwickelte Wege, da ihm mitunter die visionäre Kraft fehlt. Er nutzt eher die fehlende Scheu vor Neuem und folgt den durch „Visionäre" aufgezeichneten neue Wegen.

**Ziel** Sein Ziel ist nicht notwendigerweise die klassische Karriere; vielmehr zieht er Befriedigung und Motivation aus dem Bewusstsein, immer an der Spitze neuer Trends und neuer Entwicklungen zu stehen.

**Strategie** Kernpunkt der Strategie ist die Herstellung von Öffentlichkeit, um sein Innovator-Image zu etablieren. Die Öffentlichkeit ist dann Auditorium für die extrovertierten Erfahrungsberichte, aber auch für die sicheren und zuverlässigen Bewertungen des Innovators. Der Innovator muss stets an seiner Glaubwürdigkeit und Zuverlässigkeit arbeiten, denn nur so verschafft er sich entsprechendes Gehör in der Organisation.

**Positionierung** Durch progressive Kommunikation und Beschreibung von Erfahrungen mit Neuem etabliere ich das Image als „Innovator" und zuverlässiger „Testpilot". Durch gezieltes Rhetorik- und Präsentationstraining schaffe ich die Voraussetzung, um Erfahrungen und Bewertungen strukturiert und glaubwürdig wiedergeben zu können.

**Aktionen** Durch den Besuch von Messen und der Lektüre aktuellster Literatur verschafft sich der Innovator die Wissensbasis über die Innovationen von morgen. Dabei ist es unerheblich, ob die Innovationen technischer Natur sind oder Bereiche wie Personalmanagement, Finanzmanagement, Vertrieb oder Arbeitsweisen betreffen. Innerbetrieblich verfolgt der Innovator eine offene Kommunikation. Um Neuigkeiten in entsprechenden Gremien aufmerksamkeitswirksam wiedergeben zu können, strebt der Innovator gezielt die Teilnahme interner wie externer „Innovations- und Beraterboards" an. Dies ist „seine" Bühne.

### 3.7.4.2 Visionär

Der Visionär entwickelt neue Ideen und Visionen, ist weit vorausschauend und erkennt Trends sicher. Er besitzt ein breit gefächertes Kompetenzspektrum und hat

## 3.7 Strategie und Aktion

den Überblick über eine Vielzahl von Bereichen. Limitierungen ergeben sich, wenn sich der Visionär zu weit von der betrieblichen Realität entfernt und dadurch mit seinen Ideen aAndere überfordert. Der „Visionär" nutzt in der Regel jede Möglichkeit, um seine Visionen zu kommunizieren.

**Ziel** Er setzt sich häufig das Ziel, Top-Positionen einzunehmen, um zum einen seine Visionen umsetzen zu können und sich zum anderen vom Ballast des „operativen Tagesgeschäftes" zu befreien.

**Strategie** Eckpunkte seiner Strategie sind die Herstellung einer Plattform für die Darstellung seiner Visionen und die Sicherstellung der eigenen Glaubwürdigkeit. Als „Spinner" abgestempelt kann kein Visionär seine Visionen umsetzen. Vermag es der Visionär, einen Nutzengedanken zu transportieren, wird er zum geschätzten, wirkungsvollen und unersetzlichen Teil eines Managementteams. Aufgrund seiner intuitiven Persönlichkeit braucht der Visionär in der Regel ein zuarbeitendes, operatives Team.

**Positionierung** Mittels einer Plattformstrategie schaffe ich die Bühne, um meine Visionen und meine Ideen progressiv darzustellen. Meine Effektivität erhöhe ich durch gezieltes Arbeiten an meiner Glaubwürdigkeit. Diese erreiche ich durch eine angepasste Rhetorik und Realitätsbezug. Durch die Etablierung eines Teams, das die Potenziale meiner Visionen erkennt, stelle ich meine Visionen und deren Nutzen auf eine breitere Basis und erhöhe dadurch die Aufmerksamkeit im Umfeld.

**Aktionen** Der Visionär nutzt Meetings und Netzwerke, um Öffentlichkeit für seine Ideen herzustellen. Im Mittelmanagement und auf dem Weg nach oben ist es sicher hilfreich, die Umsetzbarkeit der Ideen stets im Auge zu behalten. Dies erfordert immer wieder auch die Teilnahme an operativen, marktnahen Meetings und Projektteamsitzungen. „Feedback-Analysen" über den Erfolg umgesetzter Visionen liefern die „Beweisführung des Erfolges". Dadurch wird die Richtigkeit der visionären Einschätzungen untermauert und die Glaubwürdigkeit der eigenen Person gesteigert.

### 3.7.4.3 Praktiker

Der Praktiker sieht es als „seine" Aufgabe, jeden Gedanken auf seinen praktischen Nutzen hin zu überprüfen. Der Praktiker ist allgemein beliebt und gern gesehen, da er nicht nur weiß, dass es eine Lösung gibt, sondern eine praktische Lösung auch gleich parat hat. Visionäre Gedanken und schnödes „Vertriebsgetue" lenken seiner Meinung nach vom Wesentlichen ab und werden als unnötiges Beiwerk abgetan. In diesem Verhalten liegt auch die Limitierung des Praktikers, nämlich der Gefahr als „kleinkariert" abgetan zu werden. Um diese Limitierung zu überwinden, sind die Art der Kommunikation und der Respekt gegenüber anderen Persönlichkeitstypen von großer Bedeutung.

**Ziel** Das berufliche Ziel ist häufig nicht das Erreichen der oberen Führungsebene, denn: „Als Praktiker ist man ja schließlich Realist." Durch die Fähigkeiten der praktischen Umsetzung ist der Vorstoß in operative Top-Positionen aber immer gegeben.

**Strategie** Die Stärke in der operativen Umsetzung sollte Kernelement einer Strategie sein. Um dem Image des Praktikers die volle Wirkung zu verleihen, muss der Praktiker vermeiden, zu eingleisig zu wirken. Der respektvolle Umgang mit anderen Persönlichkeitstypen, fachlich wie auf emotionaler Ebene, ist essenziell für den Erfolg und die Erzeugung der gewünschten Aufmerksamkeit.

**Positionierung** Meine Stärken sind die operative Umsetzung und der Nutzen, der aus der umsetzungsorientierten Vorgehensweise für das Unternehmen entsteht. Durch die aktive Teilnahme an wichtigen Meetings und Projekten erhöhe ich die Wahrnehmung meiner Person. Durch die Achtung anderer Vorgehensweisen und anderer Persönlichkeitstypen erhöhe ich die Akzeptanz für meinen operativen Denkansatz.

**Aktionen** Die Kommunikation der operativen Qualität der täglichen Arbeit und der Wichtigkeit der Umsetzung steht im Vordergrund. Das Bemühen um die Einbeziehung auch in konzeptionelle Projekte stellt die Wahrnehmung der eigenen Qualitäten im gesamten Unternehmen sicher. Der Besuch von Seminaren mit den Schwerpunkten Persönlichkeitsentwicklung, Teamkommunikation und Leadership helfen, bestehende Limitierungen zu beseitigen.

### 3.7.4.4 Stratege

Personen, die diese Positionierung wählen, besitzen gute analytische Fähigkeiten. Der Stratege vermag erfolgreiche Konzepte und Strategien zu entwickeln und wirkungsvolle Aktionen vorzudenken. Die Limitierung besteht häufig in dem Missverständnis, dass die Formulierung allein schon den Erfolg garantiert. Deshalb gilt es einen operativ erfahrenen Mitarbeiter oder eine entsprechende Agentur zu rekrutieren, die den operativen Part „erledigt".

## 3.7 Strategie und Aktion

**Ziel** Der Stratege strebt als Ziel nicht unbedingt eine führende Position, sondern eine „relevante und wichtige" Position im Unternehmen an. Der Stratege wird in seiner Laufbahn häufig in Stabsstellen gelangen. Ob er letztendlich den nächsten Schritt vollführt, hängt entscheidend von seiner Fähigkeit ab, auch für das operative Geschäft Gespür und Wertschätzung zu entwickeln.

**Strategie** Insgesamt scheint mir eine Promotor-Strategie potenziell erfolgreich zu sein. In Projekten oder Kampagnen setzt der Stratege auf das Team, wirbt für das Team und verdeutlicht dessen Erfolg in der Funktion als Sprecher und Berichterstatter, ohne dabei den eigenen Anteil am Erfolg vergessen zu lassen. Gut umgesetzt wird diese Promotor-Strategie zum Sprungbrett für das gesamte Team, denn der Stratege bezieht der Promotor-Strategie folgend das gesamte Team in die Arbeit, aber vor allem auch in die Promotion, mit ein. Dies erfordert vom Strategen ein gerüttelt Maß an Souveränität und die Fähigkeit, Erfolg zu teilen. Daneben ist ein hohes Maß an sozialer Kompetenz und rhetorischem, wie kommunikativem Vermögen von Bedeutung.

**Positionierung** Als Stratege suche ich die Verantwortung für Konzepte und Strategien, aber auch die Verantwortung für die Berichterstattung von Ergebnissen. Mit dieser Promotor-Strategie sichere ich meinen Führungsanspruch im Team, diene dem Team als Promotor, erhalte Kontakt zu höheren Entscheidungsebenen und erhöhe damit die Wahrnehmung meiner Person auf allen Ebenen.

**Aktionen** Wichtige Aufgabe ist die Entwicklung sozialer Kompetenz und guter Teamkommunikation, gegebenenfalls unterstützt durch entsprechende Seminare. Innerhalb der betrieblichen Kommunikation ist alles zu „veröffentlichen", was für das Image des Strategen positiv zuträglich ist. Zudem gilt es über das interne Netzwerk immer auf dem Laufenden zu sein und die Mitwirkung bei wichtigen Projekten sicherzustellen.

### 3.7.4.5 Informations-Netzwerker

Der Informations-Netzwerker lebt von seinen Kontakten und der Fähigkeit, Menschen zusammenzubringen. Er ist zumeist lange im Unternehmen und nutzt das Wissen über Kollegen und deren Kompetenzen, um die richtigen Menschen an einem Tisch zusammenzubringen. Er bündelt Informationen und macht daraus ein neues, wertvolles Produkt. Der Netzwerker braucht sich um Öffentlichkeit zumeist keine Gedanken zu machen, da sich seine Fähigkeit schnell herumspricht. Wegen dieser gerade auch für das Umfeld nutzbringenden Funktion wird der Informations-Netzwerker gern kontaktiert. In einigen Unternehmen sind Informations-

Netzwerker essenzieller Bestandteil des Wissensmanagements. Der Informations-Netzwerker ist im Unternehmensgefüge wie auch im privaten Umfeld ein wichtiger und wegen seiner Kontakte gern gesehener Mensch.

**Ziel** Trotz des Ziels, an die Spitze einer Organisation vorzustoßen, schafft es der Informations-Netzwerker nicht immer in eine dominante Spitzenposition. Dazu ist er nicht selten zu wenig extrovertiert und bühnentauglich. Der Informations-Netzwerker ist eher Staatssekretär statt Minister, eher Stabsmitglied statt General.

**Strategie** Strategisch dominieren die Begriffe Vertrauen und Nutzen. Vertrauenswürdigkeit braucht der Informations-Netzwerker, um tiefere Informationen über Personen und Tendenzen im Unternehmen zu erhalten. Daneben gilt es den Nutzen darzustellen, den ein entsprechendes Informations-Netzwerk für alle bietet. Der Informations-Netzwerker ist insgesamt eher uneigennützig.

**Positionierung** Durch ein gutes Selbstmanagement schaffe ich mir Zeit, um auf dem „Marktplatz der Informationen" Menschen, Informationen und Know-how zusammenzubringen. Ich achte strikt darauf, dass jeder vermittelte Kontakt als „Win-win-Geschäft" für beide Seiten endet, denn so entsteht Vertrauen. Die entstehende Aufmerksamkeit und das positive Image nutze ich für meine Person und den Ausbau meines Netzwerkes. Die Nutzenargumentation und die Effektivitätssteigerungen durch „meine Kontakte" stehen in der Kommunikation mit dem Top-Management im Vordergrund.

**Aktionen** Die Aktionen des Informations-Netzwerkers drehen sich immer um die Erschließung von Informationen und das Zusammenbringen von Menschen, die voneinander profitieren können. Veranstaltungen werden genutzt, um Informationen zu sammeln und Kontakte zu knüpfen. Der Informations-Netzwerker muss sich parallel ein perfektes Zeitmanagement aneignen. Dies sichert, dass all diese Aktivitäten die Qualität seiner eigentlichen Aufgaben nicht negativ beeinflussen. Will er in das Top-Management vorstoßen, muss er eine weitere Kompetenz aufbauen, die einen Nutzen für die Organisation bietet.

## Weiterführende Literatur

Asgodom, S. (2003): *Eigenlob stimmt*, 2. Auflage, Econ Verlag.
Aversano, N. (2002): *McNulty E. – Welcome Aboard (But Don't Change a Thing)*, in Harvard Business Review 10/2002, S. 32 ff.
Doermer-Tramitz, C. (1990): *... auf den ersten Blick*, Westdeutscher Verlag.

# Weiterführende Literatur

Drucker, Peter F. (1999): *Die Kunst sich selbst zu managen*, in Harvard Business Manager 05/1999, Seite 9 ff.

Gay F. (2001): *DISG-Persönlichkeitsprofil*, 20. Auflage, GABAL Verlag.

Hansen, M. T.; Oetinger, B. v. (2001): *Ein besonderer Typ von Wissensmanager/ T-Manager*, in Harvard Business Manager, 05/2001, Seite 82 ff.

Inkpen, Andrew C.; DeGroot, V. (2000): *Southwest Airlines 1999*, in Case Report A07-99-0030, Thunderbird – The american graduate school of int'l management.

INNOVARA, Inc., „Marketing Plan in Action", 1995

Küstenmacher, W. (2000): *Wissenswertes – Kompaktes Know-how*, Jünger Verlag.

Lanthaler W.; Zugmann J. (2000): *Die ICH-Aktie*, FAZ-Verlag.

Magretta, J. (1998): *The Power of virtual integration: An interview with Dell Computer's Michael Dell*, in Harvard Business Review 03-04/1998, Seite 71 ff., Reprint 98208.

Porter, Michael P. (1996): *What is strategy*, in Harvard Business Review 11–12/1996, S. 61 ff.

Schierenbeck, H. (1995): *Grundzüge der Betriebswirtschaftslehre*, 12. Auflage, Oldenbourg Verlag.

Seiwert Lothar J.; Gray F. (2001): *Das 1×1 der Persönlichkeit: sich selbst und andere besser verstehen mit dem DISG-Persönlichkeits-Modell*, 7. Auflage, GABAL Verlag.

Seiwert Lothar, J. (2001): *Wenn Du es eilig hast, gehe langsam*, 7. Auflage, CAMPUS Verlag.

Stepp K. (2002): *Kopf oder Bauch*, Capital EXTRA 12/2002.

# Quick Reference Guide – Eigenpositionierung und Personenmarketing

**4**

### Zusammenfassung

Der Quick Reference Guide fasst das Konzept des Personenmarketings und die verschiedenen Schritte der Eigenpositionierung zusammen.

Karriere gestalten heißt heute, aktiv an der eigenen Karriere und der persönlichen Entwicklung zu arbeiten – initiativ und selbstbestimmt. Die Zeit der lebenslangen Mitarbeiterschaft in ein und demselben Unternehmen ist für die meisten Abklatsch einer vergangenen Vorstellung fremdbestimmter beruflicher und persönlicher Planung.

Eigenpositionierung und Personenmarketing ist nicht die häufig verwendete Formel „neue Brille, neues Outfit, neue Frisur – schon passt alles". Eigenpositionierung ist ein ganzheitlicher Ansatz und basierend auf den Vorgehensweisen des Produktmarketing. Sie, das „virtuelle Produkt", sind charakterisiert durch Ihre Stärken, Arbeitsweisen und Werte, durch Ihre Persönlichkeit und durch Ihren Erfahrungshorizont. **„Sie sind Ihr eigenes Produkt."** Dieses „virtuelle Produkt" gilt es entsprechend zu vermarkten. Eine klare Zielsetzung, eine durchhaltbare Positionierung (Image), eine klare Strategie und eine konsistente Kommunikation in Netzwerke hinein sind die Meilensteine einer erfolgreichen Selbst-Vermarktung. Um eines gleich vorwegzunehmen: Personenmarketing hat nicht zum Ziel, den Menschen zu materialisieren. Vielmehr betrachten Sie sich selbst als Ganzes, analysieren Ihre Performance und kreieren ein klar erkennbares Bild Ihrer Person.

Erfolgreiche Manager haben sich und ihre Karriere schon immer selbst gemanagt, am Markt intuitiv richtig positioniert und vermarktet. Sie investierten in Schulungen, Coaches und Erfahrungen, nicht selten außerhalb fest gefügter Karriereplanungen der jeweils aktuellen Unternehmen.

Ziel ist es, Sie auf dem Weg zur gezielten Selbst-Vermarktung zu begleiten. Lassen Sie sich auf diesen Weg ein. Machen Sie sich persönlich und Ihre Performance wahrnehmbar. Beschreiben Sie Ihren persönlichen Weg – selbstbestimmt und ich-orientiert. Gehen Sie konsequent und initiativ an das Managen Ihrer eigenen Karriere und Ihrer Wahrnehmung in der Öffentlichkeit. Werden Sie zum Manager in eigener Sache.

## 4.1 Eigenpositionierung und Personenmarketing

Zentraler Punkt im Personenmarketing ist der „Produktansatz". Im Marketing definiert sich ein Produkt durch den Verwendungszweck, die Eigenschaften, die Qualität, die Marke (Brand), den Nutzen und den Preis. Aus der Summe dieser Punkte ergibt sich die Attraktivität für den Kunden.

Im Personenmarketing definiert sich das „Produkt" aus der Gesamtheit des Wissens, der Erfolge, der Erfahrungen, der Methodenkompetenz und der Persönlichkeit. Dies ist kurz gesagt das, was Sie zu bieten haben. Zentrales Element im Personenmarketing ist der Marketingplan – der individuelle Plan für Ihr persönliches Vorgehen auf dem Weg, Ihre beruflichen Ziele zu erreichen. Der Marketingplan ist der rote Faden und Rückgrat Ihrer persönlichen Aktivitäten im Markt. Er ermöglicht zu jedem Zeitpunkt den Vergleich des Erreichten mit den gesteckten Zielen. Dieser Prozess erfordert Offenheit und Ehrlichkeit gegenüber den Realitäten. Schrecken Sie vor keiner Wahrheit zurück, denn dies könnte zu schwerwiegenden Fehlausrichtungen führen. Die nachfolgend genannten Punkte werden systematisch abgearbeitet.

- **Produktdefinition**: Wer bin ich?
- **Marktanalyse**: Wo kann ich Resultate erzielen?
- **Marktdefinition**: In welchem Markt möchte ich aktiv werden?
- **Marktwert**: Was bin ich „wert"?
- **Ziele**: Diese Ziele werde ich erreichen!
- **Positionierung**: Mein Image!
- **Strategie und Aktionen**: Mein Vorgehen!

## 4.2 Produktdefinition – Wer bin ich?

Die Frage nach dem „Wer bin ich?" ist die fundamentale Frage innerhalb der Produktdefinition. Hier wird die Basis für die gesamte Ausrichtung Ihrer Person in Bezug auf mögliche Ziele, die Positionierung, die Strategie und Aktionen gelegt. Wer sich analysiert, seine persönliche Performance richtig wahrnimmt und sein Leistungsangebot kontinuierlich managt, hat einen nicht zu unterschätzenden Vorteil, unabhängig davon, ob Sie sich am Karrierestart oder in einem beruflichen oder

## 4.2 Produktdefinition – Wer bin ich?

persönlichen Veränderungsprozess befinden. Hauptaufgabe in der Produktdefinition ist es, die eigenen Stärken, Arbeitsweisen und Werte zu erkennen. In einem Artikel zum Thema Selbstmanagement hat Peter F. Drucker, ein genialer Managementvordenker, den Zusammenhang eindrucksvoll beschrieben: „Es ist gesichert, dass Menschen nur dann wirklich erfolgreich sind, wenn sie die Dinge tun können, die sie beherrschen, und zwar auf eine Weise, die ihnen liegt. Deshalb stellt sich unmittelbar die Frage: Was können Sie? Wie arbeiten Sie am liebsten?"

### 4.2.1 Stärken

Jeder Mensch kann nur aus seinen Stärken Nutzen ziehen, da sich Leistung nicht auf Schwächen aufbauen lässt. Konzentrieren Sie sich auf Ihre Stärken. Schwächen sind nur dann relevant, wenn diese Ihre Stärken hemmen. Methoden, die eine Analyse Ihrer Stärken (siehe Abb. 4.1) aus unterschiedlichen Blickwinkeln heraus erlauben, sind:

1. Eigenbild-Analyse
2. Fremdbild-Analyse
3. Feedback-Analyse

**Eigenbild-Analyse** Die Eigenbild-Analyse basiert auf der Selbsteinschätzung, fußt also auf dem Eigenbild und umfasst die möglichst neutrale Analyse der Stärken, angelehnt an das tägliche Handeln. Die folgenden Fragen und Aussagen bilden das Fundament für die Eigenbild-Analyse. Die Antworten ergeben ein Grundbild der Eigenschaften und Kompetenzschwerpunkte, durch die Sie charakterisiert werden.

- **Werte**: Diese Werte charakterisieren mich!
- **Persönlichkeit**: Welche Persönlichkeitsmerkmale charakterisieren mich? Ich bin!
- **Vorgehensweise**: So gehe ich Aufgaben an!
- **Kompetenzen**: Wofür werde ich gelobt, wofür bekomme ich Komplimente?
- **Kompetenzen**: Zu welchen Themen wird um mein Input gebeten?
- **Kompetenzen**: Diese fachlichen Kompetenzen besitze ich!
- **Arbeitsweise**: So nehme ich Informationen auf!
- **Arbeitsweise**: So arbeite ich mit anderen Personen zusammen!
- **Arbeitsweise**: In dieser Rolle und in diesem Umfeld arbeite ich erfolgreich!
- **Projekte**: Welche Stärken haben dazu beigetragen, dass Projekte erfolgreich waren?
- **Kommunikation**: Mit wem kommuniziere ich am liebsten?
- **Kommunikation**: Wer versteht mich am besten?
- **Kommunikation**: So kommuniziere ich!

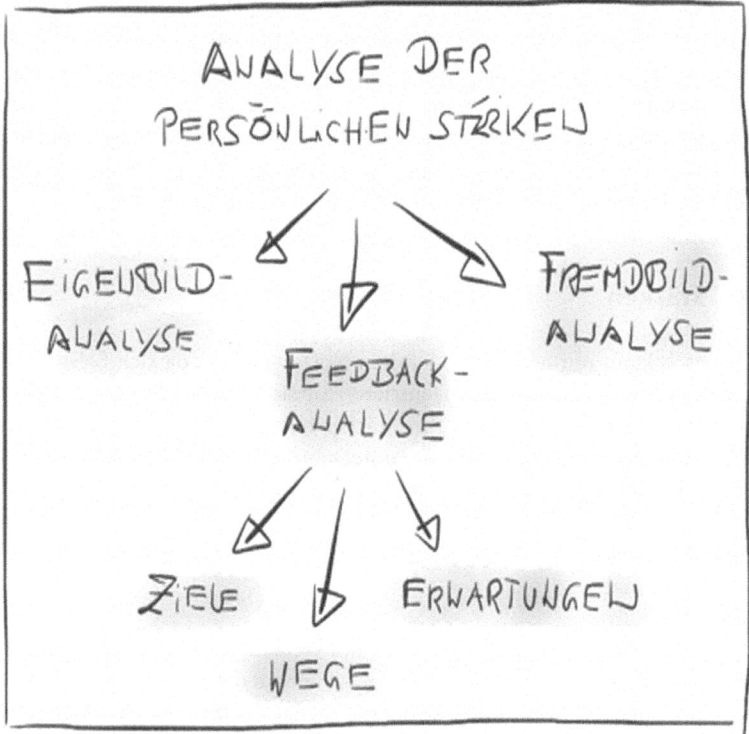

**Abb. 4.1** Analyse persönliche Stärken

**Fremdbild-Analyse** Die Fremdbild-Analyse erschließt für Sie das Bild, das andere Personen von Ihnen haben. Der beste Weg, etwas über das eigene Fremdbild zu erfahren, ist FRAGEN. Fragen Sie Freunde, Bekannte und das nähere Umfeld nach deren Einschätzung zu Ihrer Person. Achten Sie bei dieser Analyse darauf, dass Sie nicht nur Menschen befragen, die auf Ihrer persönlichen Wellenlänge liegen. Befragen Sie auch Personen, die einen anderen Persönlichkeitstyp repräsentieren. Um gute Resultate zu erzielen, sind folgende Regeln hilfreich:

- Bewusst nach den Stärken fragen.
- Abdriften in das Aufreihen von Schwächen vermeiden.
- Konkretheit erbitten – gegebenenfalls gezielt nachfragen.
- Verteidigen Sie sich nicht, denn das lenkt vom Thema ab.
- Erst nach dem Feedbackgespräch erfolgt das Einordnen und Reflektieren.
- Feedback ist keine Einbahnstraße.
- Signalisieren Sie Dankbarkeit für diese wichtigen Informationen.

## 4.2 Produktdefinition – Wer bin ich?

**Feedback-Analyse** Die Feedback-Analyse ermittelt das analytische Eigenbild. Diese Methode fußt auf der Idee, dass durch Reflexion der Resultate abgeschlossener Projekte eigene Stärken sichtbar werden. Die Methode setzt voraus, dass im Vorfeld der Projekte Ziele, Erwartungen, Limitierungen und der geplante Ablauf festgehalten werden. Die Vorgehensweise ist denkbar einfach. Sobald Sie eine Entscheidung, ein wichtiges Projekt oder eine Aufgabe managen müssen, gehen Sie wie folgt vor:

**Schritt 1: „Vor dem Projektstart"**
- Notieren Sie Ihre Ziele und Ihre Erwartungen.
- Notieren Sie den geplanten Weg und die Limitierungen bzw. Hindernisse, die Sie erwarten.
- Notieren Sie die Auswirkungen, mit denen Sie rechnen.

**Schritt 2: Projektstart „plus6" Monate** Reflektieren Sie nach 6 bis 12 Monaten und vergleichen Sie die notierten Erwartungen mit den wirklichen Resultaten. Sie werden erkennen, wie wertvoll diese Analyse ist. Das so gewonnene analytische Eigenbild liefert folgende Informationen:

- Mit wem arbeite ich gut und erfolgreich zusammen?
- Wo liegen meine Stärken?
- Wie arbeite ich (Arbeitsweise)?
- Warum war ich erfolgreich?

### 4.2.2 Arbeitsweisen

Die Arbeitsweise eines Menschen beschreibt, wie er arbeitet, d. h., wie er lernt, Informationen aufnimmt und seine Arbeit erledigt. Die Arbeitsweise basiert auf Stärken, Erfahrungen und der Persönlichkeit. Sie ist immer einzigartig und individuell. Die folgenden Fragen ergründen die Charakterzüge Ihrer Arbeitsweise:

- Wie nehme ich Informationen (Lesen, Hören) auf?
- Wie lerne ich (Lesen, Hören, Schreiben, Reden, Anwenden)?
- Wie und mit wem arbeite ich erfolgreich zusammen?
- In welcher Rolle (Ausbilder, Berater, Umsetzer, Vorbereiter, Entscheider) bin ich effektiv?
- In welchem Umfeld, in welchen Unternehmensstrukturen arbeite ich erfolgreich?

## 4.2.3 Werte und Persönlichkeit

Wer sich selbst managen will, muss sich im Besonderen auch über seine Wertvorstellungen bewusst sein. Die Frage nach den Wertvorstellungen ist für mich die Ultima Ratio. Die meisten Menschen verlassen Unternehmen nicht, weil sie inkompetent sind oder ihre Arbeit nicht bewältigen. Die meisten Menschen verlassen ein Unternehmen, weil Wertvorstellungen im zwischenmenschlichen oder im Bereich der Unternehmenswerte nicht mit den eigenen Werten übereinstimmen. Was ist zu tun? Das Ziel ist, die Balance zwischen Wertvorstellungen herzustellen. Unter der Balance der Werte von Mitarbeitern und Unternehmen verstehe ich, dass sich die Wertvorstellungen zwischen Arbeitnehmer und Unternehmen in den wesentlichen Punkten nicht widersprechen. Eine einfache Gegenüberstellung der persönlichen Werte und der gelebten Werte des Unternehmens ist ausreichend. Es wird zumeist schnell klar, was passt und was eben auch nicht.

Sich der eigenen Persönlichkeit bewusst zu sein, ist ein weiterer Erfolgsfaktor. Die gilt für das Privatleben wie das Geschäftsleben gleichermaßen. Der Mensch ist charakterisierbar durch seine Persönlichkeit, die sich in seinen Handlungsweisen und seinen Qualitäten und Stärken widerspiegelt. Die eigene Persönlichkeitsstruktur gilt es zu ergründen, um das volle Potenzial der eigenen Person für sich und ein Unternehmen nutzbar zu machen.

## 4.3 Marktanalyse und Marktdefinition

Die Marktanalyse ist wichtige Basis für alle unternehmerischen Entscheidungen. Deshalb ist eine intensive Marktanalyse auch im Personenmarketing von großer Bedeutung für den angestrebten Erfolg. In der **Makro-Analyse** werden das sozioökonomische Umfeld, demoskopische Daten sowie das globale und regionale Marktumfeld analysiert. In der **Mikro-Analyse** werden die direkt marktbezogenen Wirtschaftsdaten, einzelne Marktsegmente, Produkte und Wettbewerber näher betrachtet.

Die Marktanalyse im Personenmarketing hält zwei Aufgaben bereit. Zum einen die Analyse von Märkten und Firmen, in denen man mit seinem Portfolio erfolgreich tätig werden könnte. Zum anderen die Analyse der Wettbewerber, die um ähnliche Positionen mit Ihnen im Wettbewerb stehen.

Basierend auf der Marktanalyse entscheidet sich ein Unternehmen in der **Marktdefinition** für einen Fokusmarkt, in dem es mit seinen Produkten aktiv werden möchte. Beim Personenmarketing wissen Sie aus der Marktanalyse, welche Anforderungsprofile in verschiedenen Branchen nachgefragt werden und in welcher Entwicklungsphase sich Branchen befinden. In der Marktdefinition entscheidet man sich final, in welcher Branche man persönlich aktiv werden möchte.

## 4.4 Marktwert

Der Marktwert ist der Preis, der für eine Ware oder eine Dienstleistung gezahlt wird. Der Preis hat in der Wirtschaft einen wichtigen Stellenwert. Per Definition wird der Preis durch Angebot und Nachfrage bestimmt.

Mit dem persönlichen Marktwert kommen wir an einen wichtigen Punkt im Personenmarketing und der Eigenpositionierung. Sie haben eine Dienstleistung zu verkaufen; das Unternehmen bezahlt dafür. Dabei ist selbstverständlich, dass dies nicht nur in Form des Gehaltes erfolgen muss. Für Ihre persönliche und berufliche Weiterentwicklung, wie auch für die Steigerung Ihres Marktwertes sind avisierte Investitionen, z. B. in Fortbildungen, Entwicklungsprogramme und Auslandsaufenthalte von großer Bedeutung. Auf jeden Fall gilt immer: Der Preis muss insgesamt der Leistung entsprechend vereinbart sein.

Der Marktwert unterliegt der Beurteilung durch den Markt, ist jedoch durch persönliche Investitionen selbst zu beeinflussen. Folgende Punkte gilt es zu beachten:

- Widmen Sie sich kontinuierlich dem Markt und Ihrem Marktwert.
- Widmen Sie sich dem Ausbau Ihrer Performance.
- Erhöhen Sie Ihren Marktwert durch eine gezielte Kommunikation – „Tue Gutes und rede darüber."

## 4.5 Zielsetzung

Setzen Sie sich „smarte" Ziele und erstellen Sie so den Fahrplan für Ihr Leben und Ihre Karriere. Damit bekommt Ihr Handeln Richtung und Sinn, Ihre Energie ist fokussiert und Ihre Erfolgschancen steigen, denn Sie agieren, statt zu reagieren. Im Personenmarketing legen Ziele die Richtung fest, in die Sie sich persönlich entwickeln möchten. Hilfreich bei der Formulierung von Zielen ist die sogenannte „SMART-Formel" von Lothar J. Seiwert. Die fünf Buchstaben stehen für verschiedene Adjektive:

- **S:** spezifisch (konkret, eindeutig, präzise)
- **M:** messbar (damit auch überprüfbar)
- **A:** aktionsorientiert (positiv formuliert)
- **R:** realistisch (hoch gesteckt – aber erreichbar)
- **T:** terminierbar (zeitlicher Bezug, Deadline)

## 4.6 Positionierung

Die Positionierung ist ein weiterer wichtiger Schritt in der strategischen Ausrichtung. Ein Produkt oder Angebot zu positionieren heißt, es am Markt aufzustellen, um die gesetzten Ziele zu erreichen. Mit der Positionierung erzeugt man ein Bild bei dem Kunden, wer man ist und wofür man steht – als Unternehmer oder als Person. Die Positionierung resultiert in einem für die Zielgruppe attraktiven, einzigartigen und erkennbaren Bild und Image. Sie erzeugt eine Beziehung zwischen dem Produkt und der Zielgruppe und grenzt gegenüber dem Wettbewerb ab.

Jeder Mensch nimmt in seinem Umfeld eine gewisse Position ein und besitzt ein bestimmtes Image. Das eigentlich Neue an der Vorgehensweise innerhalb der Eigenpositionierung ist der Aspekt „Bewusstsein und persönliche Planung" bei der Herausbildung von Image und Position.

Nehmen Sie das Ruder in die Hand.

Das in dem Buch dargestellte „Step-3-Modell" dient der Entwicklung und Formulierung einer individuellen Positionierung. Das Modell benennt drei Schritte:

- Kunden-Nutzen-Attraktivität
- Wettbewerb
- Formulierung und Reflexion

Entlang dem „Step-3-Modell" wird die Positionierungsaussage analytisch entwickelt. Im letzten Schritt „Reflexion der Umsetzbarkeit" wird die Qualität und Nachhaltigkeit der gewählten Positionierung durch Fragen überprüft. Das „Step-3-Modell" ist für die Produkt- und Personenpositionierungen gleichermaßen anwendbar.

## 4.7 Persönliche Erfolgsstrategie und Aktion

Die Strategie beschreibt den Weg, um die Differenz zwischen dem objektiven Status quo und der in der Positionierung formulierten Zielvorstellung zu überwinden. Entsprechend wird in der Strategieaussage der taktische Weg festgelegt. Die Strategie ist immer Mittel zum Zweck, um ein Ziel zu erreichen. Ressourcen werden analysiert und konsistent mit den Stärken und der Positionierung eingesetzt. Die Strategie ist eine generelle Stoßrichtung, um Ziele mittels Positionierung zu erreichen. Strategien bauen auf Stärken und kompensieren hemmende Schwächen, um das Ziel Wirklichkeit werden zu lassen.

## 4.7 Persönliche Erfolgsstrategie und Aktion

Grundlage für persönlichen Erfolg sind ein klares Ziel, eine die eigene Person wiedergebende Positionierung und eine Strategie, die das persönliche Vorgehen definiert. Nur die konsistente Verknüpfung der Aktionen verstärkt die Wirkung aller Anstrengungen. Erstklassiges Hilfsmittel zur konsistenten Verknüpfung der Aktivitäten ist auch im Personenmarketing die Verwendung von sogenannten „Aktivitäten-Landkarten".

In der persönlichen Strategieaussage gilt es die generelle Stoßrichtung und den taktischen Weg für das eigene Handeln zu definieren. Der folgende sechsstufige Prozess strukturiert die Erarbeitung einer persönlichen Erfolgsstrategie.

**1. Stufe: Zielsetzung** Werden Sie sich Ihrer Ziele bewusst, formulieren Sie Ihre Ziele klar und umsetzungsorientiert. Nutzen Sie dazu die „SMART-Formel". Schaffen Sie damit die Basis für Ihre Karriere.

**2. Stufe: Positionierung** Es gilt eine einzigartige, positiv abgrenzende Positionierung zu formulieren. Die Positionierung ist immer konsistent mit der eigenen Person, den eigenen Stärken und dem eigenen Leistungspotenzial. Besonders wichtig ist die Attraktivität für die Zielgruppe und das berufliche Umfeld.

**3. Stufe: Strategieaussage** Die Formulierung der Strategie erfolgt entlang von sieben Fragen.

- Welche Stärken charakterisieren Sie?
- Wie treten „Wettbewerber" auf?
- Welche Stärken und Inhalte sollen kommuniziert, welche Themen besetzt werden?
- Wie sollen die Stärken kommuniziert werden?
- Welche persönlichen Aspekte sollen definitiv nicht kommuniziert werden?
- Welche privaten Aktivitäten sollen Image bildend verwendet werden?
- Welche finanziellen Ressourcen stehen zur Verfügung?

**4. Stufe: Aktionsplan** Während die Strategie festlegt, wohin der Weg taktisch geht, garantiert der Aktionsplan die operative Umsetzung. Es gilt eine Reihe von Aktionen festzulegen, die den Strategieschwerpunkten zugeordnet werden.

**5. Stufe: Konsistenz der Aktionen** Die Notwendigkeit und die herausragende Bedeutung der Verknüpfung von Aktionen wurden im allgemeinen Teil bereits beschrieben. Wenn möglich, sollten die Aktivitäten in Bezug auf mindestens zwei Strategieschwerpunkte wirksam sein. Nur die konsistente Verknüpfung der Aktionen verstärkt die Wirkung aller Anstrengungen. Um den Überblick über die

Aktionen und deren gegenseitige Verknüpfung zu behalten, ist die Nutzung der „Aktivitäten-Landkarte" angeraten.

**6. Stufe: Planung der Umsetzung** Nicht nur in Unternehmen geht die größte Gefahr für die Strategie von „innen" aus. Undiszipliniertheit, Inkonsequenz, Mutlosigkeit, Ungeduld und Unstetigkeit bei der Umsetzung geplanter Aktionen sind bei der Durchführung persönlicher Strategien die größten Probleme und lassen die Zielerreichung in der Phase der operativen Umsetzung glatt scheitern.

Es erfordert persönliche Verantwortung, um die angestrebten Ziele auf dem fixierten Weg zu erreichen. Es gilt sich mit der Positionierung und Strategie zu identifizieren und die Aktionen konsequent und diszipliniert zu verfolgen. Damit beweisen Sie Leadership-Qualität in eigener Sache.

# Eigenpositionierung und Personenmarketing des „Stephan S." 5

> **Zusammenfassung**
> 
> In diesem Kapitel wird das Praxisbeispiel „Stephan S." zusammenhängend dargestellt. Stephan S. dient der Veranschaulichung für die Erstellung Ihres persönlichen Marketingplans.

## 5.1 Profil

Stephan S. ist 35 Jahre alt und hat ein Studium der Chemie mit „gut" abgeschlossen. Da er über verschiedene Praktika Industriekontakte aufbaute, beschloss Stephan S., das Angebot eines Diagnostikherstellers anzunehmen, ergo auf eine Promotion zu verzichten. In diesem Unternehmen arbeitet Stephan S. seit nunmehr fünf Jahren in der Entwicklungsabteilung für Produkt- und Testsysteme. Dadurch ist er an der Schnittstelle zwischen Entwicklung und Produkthandhabung tätig. Sein Interesse gilt aber auch schon immer der Vermarktung und dem Vertrieb. Dieser mögliche Schritt in Richtung Vertrieb ist Motivation für Stephan S., die Prinzipien des Personenmarketings und der Eigenpositionierung systematisch anzuwenden.

## 5.2 Produktdefinition

Die „Produktdefinition" erfolgt aus den Ergebnissen der Analysen zu den Punkten Stärken, Arbeitsweise, Werte und Persönlichkeit.

**Eigenbild-Analyse** Stephan S. hat die 13 Fragen aus Kap. 3 mit viel Enthusiasmus beantwortet. Als Ergebnis charakterisiert er sich selbst als offen, kommunikativ, initiativ, strukturiert und gewissenhaft. Ein hohes fachliches Know-how und eine ausgezeichnete Produktkenntnis, wie auch die Kenntnis innerbetrieblicher Abläufe sieht er als seine Stärken an. Stephan S. besitzt Grundlagenwissen in der Betriebswirtschaftslehre. Noch keine Erfahrungen hat er im Bereich Vertrieb oder mit Vertriebstechniken sammeln können. Die Kommunikation mit dem Vertrieb und dem Marketing fällt ihm nicht schwer. Dennoch spricht er besonders gern über eher fachlich-technische Themen.

**Fremdbild-Analyse** Um ein komplettes Bild über sich zu erhalten, informierte sich Stephan S. auch in seinem Umfeld (Fremdbild-Analyse) bezüglich seiner Stärken und darüber, wie er von anderen gesehen wird. Er befragte Freunde, Kollegen, seinen Business-Coach und seinen Vorgesetzten.

Freunde:

- Du hast tolle Ideen und verkaufst die wirklich gut.
- Du und Vertrieb, das passt doch sowieso besser zu dir als ein graues Labor.
- Immer gerade heraus, das ist Stephan.
- Du bist ein „Überzeuger" und findest immer gute Argumente.
- Du bist sehr kommunikativ.
- Du kannst Dinge verständlich beschreiben und visualisieren.

Kollegen:

- Angenehm und konsequent, strukturiert und wirklich kompetent
- Offenes Ohr für die Belange anderer, ohne zu manipulieren
- Manchmal etwas detailbesessen
- Offen für Neues
- Du bist eine „gewissenhafte Initiativkraft"

Business-Coach (erfahrener Seniormanager):

- Wo wollen Sie hin?
- Sie verkaufen Ihre Ideen gut!
- Können Sie auch die Ideen anderer verkaufen?
- Verkaufsdruck – werden Sie dem täglich standhalten?

Vorgesetzter:

- Sie haben Produkte durch Ideen weitergebracht.
- Sie setzen Projekte sehr zielstrebig und mit Nachdruck durch.
- Für mich sind Sie die „zielstrebige und positiv kompetente Persönlichkeit".

## 5.2 Produktdefinition

Zusammenfassung des Fremdbildes:

- Ideengeber
- Umsetzer und Überzeuger
- Zuhörer, der die Wünsche anderer erkennt
- Kompetent, kommunikativ, konsequent, initiativ
- Zielstrebig, strukturiert, gewissenhaft

Stephan S. erkennt viele Adjektive wieder, mit denen er sich ebenfalls gern selbst beschreibt. Für ihn besonders wichtig ist die Bestätigung seiner Know-how basierten Vorgehensweise. Positiv überraschten ihn die beiden Adjektive konsequent und zielstrebig. Da er diese Punkte als sehr wichtig erachtet, wird er beide Punkte in „sein Bild" aufnehmen.

**Feedback-Analyse** Durch die Analyse des Ablaufs von Projekten (Feedback-Analyse) hat Stephan S. viel über sich gelernt. Er hat auf der Basis der analysierten Projekte die Analysefragen wie folgt beantworten können.

- Wen verstehe ich?
  Antwort: Besonders gut mit Menschen, die einen technischen Hintergrund besitzen
- Mit wem arbeite ich gut und erfolgreich zusammen?
  Antwort: Mit allen Menschen, die aufrichtig sind
- Welche Persönlichkeitstypen muss ich mehr einbeziehen?
  Antwort: Menschen, die etwas mehr auf Äußerlichkeiten achten als ich
- Was hemmt mich?
  Antwort: Ignoranz und Überemotionalität
- Wo liegen meine Stärken?
  Antwort: Im fachlichen Know-how, dem Ideenreichtum, in dem Finden von Lösungen und im Zuhören
- Wie arbeite ich (Arbeitsweise)?
  Antwort: Strukturiert, gewissenhaft, zielstrebig
- Welche Kompetenzen besitze ich?
  Antwort: Technisch-fachliche und kommunikative Kompetenzen
- Warum war ich erfolgreich?
  Antwort: Durch meine Umsetzungsstärke und meine Art, Projekte konsequent umzusetzen
- Was habe ich getan, um mein volles Potenzial auszuschöpfen?
  Antwort: Ich bin immer, auch bei Problemen, auf Menschen zugegangen und habe zugehört. Ich habe neue Wege gesucht und gefunden.

Sein Erfolg in Entwicklungsprojekten basiert auf seinem ausgeglichenen und erfahrenen Umgang mit Menschen, seiner Qualität als guter Zuhörer und der Fähigkeit, Zusammenhänge einfach zu erklären und zu visualisieren. Häufig brachte er Projekte oder Diskussionen durch seine Fähigkeit, zuzuhören und immer wieder neue Wege und Ideen zu finden, entscheidend voran. Seine früh entwickelte Diskussions- und Verhandlungssicherheit hat ihm schon viel Erfolg in Meetings beschert.

**Werte** Stephan S. weiß, dass Wertvorstellungen von Unternehmen, Management und Mitarbeitern kompatibel sein sollten. Bisher hatte er nie Anlass zur Sorge. Dennoch analysiert er seine persönlichen Wertvorstellungen, wie auch das Wertesystem des Unternehmens. Dazu benutzt er neben der eigenen Einschätzung auch die Ergebnisse der Fremdbild-Analyse. Die Resultate seiner Analyse bestätigen Stephan S. darin, dass er genau in dem richtigen Unternehmen tätig ist.

Persönliche Wertvorstellungen von Stephan S.:

- Menschen und Meinungen achtend
- Ehrlichkeit
- Nicht manipulierend
- Offen für Belange anderer Menschen
- Kritikfähigkeit
- Teamorientiertheit

Werte des Unternehmens/Arbeitgebers:

- Umweltfreundliche Produktion innovativer, sicherer und kostengünstiger Pharmazeutika
- Der Mensch im Mittelpunkt
- Achtung vor Mitarbeitern und deren Meinungen
- Offenes Kommunikationsklima
- Verpflichtet gegenüber Kunden, Mitarbeitern, Aktionären und Lieferanten
- Partnerschaftliche Personal- und Informationspolitik

**Persönlichkeit** Um seine Produktanalyse abzurunden, beschäftigt sich Stephan S. zuletzt mit der Analyse seiner Persönlichkeit und möchte die Ergebnisse eines Persönlichkeitstests mit dem bisher Analysierten vergleichen. Stephan S. benutzt einen Persönlichkeitstest aus den Unterlagen eines besuchten Seminars, um seine Persönlichkeit zu analysieren. Der Test beschreibt ihn wie folgt:

- Verwendet kreative Ideen, um sie für praktische Zwecke einzusetzen
- Zeigt Verständnis für Menschen
- Bestimmt, aber nicht aggressiv
- Initiative, gewissenhafte Vorgehensweise
- Drang, Ergebnisse zu erzielen
- Gewinnen, aber mit Stil
- Sinn für Wettbewerb
- Erreicht Ziele durch Menschen
- Kritischer Denker
- Wortgewandt

## 5.3 Marktanalyse

Für Stephan S. gestaltet sich die Marktanalyse relativ einfach. Er hat sich dazu entschlossen, nur den Diagnostik- und Medizintechnikmarkt zu analysieren – den Markt, in dem sein aktuelles Unternehmen tätig ist.

**Makro-Analyse** Die Makro-Analyse sieht insgesamt verheißungsvoll aus. Trotz Diskussionen über Sparmaßnahmen und Ausgabenkürzungen wird der Gesundheitsmarkt auch in Zukunft ein insgesamt attraktiver und stabiler Markt sein. Die demografischen Daten sprechen mit der zu erwartenden Entwicklung der Alterspyramide ebenfalls für den Diagnostik- und Gesundheitsmarkt.

**Mikro-Analyse** In der Mikro-Analyse geht es für Stephan S. in erster Linie um das eigene Unternehmen, die Wettbewerber und die weiteren Aussichten. Für die Analyse nutzt er interne Quellen, Zeitungsartikel und recherchiert im Internet.

Das **Unternehmen** wird durch verschiedene Eigenentwicklungen diagnostischer Tests und der zugehörigen Analysegeräte getragen, die erst in einigen Jahren aus dem Patentschutz laufen. Daneben kennt Stephan S. die prall gefüllte Pipeline neuer Tests und Reagenzien. Außerdem arbeitet das Unternehmen an einer vielversprechenden neuen Gerätegeneration. Ein Tochterunternehmen hat Analysetest-Lizenzen erworben und vermarktet diese inzwischen erfolgreich. Einem weiteren Trend, dem der Großgeräte, wurde durch gute Kooperationsabkommen Rechnung getragen. Kurzum, das Unternehmen ist gut positioniert und für die Zukunft gerüstet.

Die **Branche** „Diagnostische Geräte und Reagenzien" zeichnet sich durch eine hohe Internationalität aus, ein Punkt, der für Stephan S. ebenfalls einen besonderen Reiz ausübt. Die Branche ist zudem prinzipiell durch eine hohe **Innovations-**

**und Investitionsbereitschaft** geprägt. Dies betrifft gerade auch die Entwicklung der Personalqualifikation, fachlich wie interdisziplinär. Das eigene Unternehmen besitzt ein strukturiertes Personalentwicklungsprogramm, das Stephan S. bereits genießen konnte und auch seine weitere persönliche und berufliche Entwicklung mittragen wird. Der **Wettbewerb** des Unternehmens rekrutiert sich aus namhaften und zumeist auch gut geführten Firmen. Ein gutes Signal, denn so ergeben sich zusätzliche Karriereoptionen für Stephan S. in der Zukunft, gegebenenfalls auch außerhalb des aktuellen Unternehmens.

Die **Kunden** der Branche sind für die Ziele von Stephan S. von besonderer Bedeutung. Er konnte immer wieder feststellen, dass er gerade mit Laborärzten besonders gut reden konnte. Ärzte, der Einkauf und Krankenhauspersonal sind daneben die Hauptentscheidungsträger für die Produkte des Unternehmens. Aufgrund seiner Ausbildung sieht sich Stephan S. intellektuell, rhetorisch und fachlich gut gerüstet für diese Hauptkundengruppen. Eine wichtige Aufgabe sieht er im Aneignen von Verhandlungs- und Verkaufstechniken.

Mit diesen Möglichkeiten und Perspektiven kann Stephan S. die nächsten Sprossen der Karriereleiter in Richtung Vertrieb mit einem guten Gefühl in Angriff nehmen.

## 5.4 Marktwert

Stephan S. hat sich bereits einen guten Überblick über Vergütungen in seinem derzeitigen Arbeitsbereich, der Entwicklungsabteilung, verschafft. Für den Bereich Vertrieb möchte er natürlich ähnlich gut informiert sein. Deshalb eruiert er seinen möglichen Marktwert im Vertrieb. In Gehaltsspiegeln, wie sie zum Beispiel in der Frankfurter Allgemeinen Zeitung erscheinen, hat sich Stephan S. Basisinformationen beschafft. Daneben kontaktierte Stephan S. einige Freunde, die in verschiedenen Vertriebspositionen anderer Branchen arbeiten. Einer dieser Freunde stellte auch den Kontakt zu einer Personalberatung her. In diesem Gespräch bekam Stephan S. wertvolle Informationen über die Bandbreite gezahlter Gehälter in der Branche und erhielt sogar eine Größenordnung, in der sein persönlicher Marktwert im Vertrieb liegen könnte. Damit hat sich die gute Vorbereitung für Stephan S. schon gelohnt. Auf die Gespräche hatte er sich mit einer Zusammenfassung seines Lebenslaufes und einer gut strukturierten Beschreibung seines „Produktportfolios" vorbereitet.

Zusätzlich bewirbt sich Stephan S. auf zwei Stellenausschreibungen, die er in einem Job-Portal gesehen hat. Ziel dieser Aktion ist es, abzuklären, wie sein Portfolio und er als Person ankommen, aber auch welcher Marktwert ihm zugeordnet wird. Damit sieht er sich gut gerüstet für alle internen Diskussionen.

## 5.5 Ziele

Nach fünf Jahren in der Entwicklungsabteilung für Produkt- und Applikationssysteme strebt Stephan S. als langfristiges Ziel die Position eines Regionalverkaufsleiters im Bereich Diagnostikvertrieb an. Als mittelfristiges Ziel möchte er den Einstieg in den Außendienst schaffen. Auf dieser Basis hat Stephan S. seine operativen Nahziele formuliert. Er möchte bestehende Kontakte in den Vertrieb und zu Kunden ausbauen. Den Kontakt zu dem Vertriebsleiter Deutschland gilt es weiter zu intensivieren. Außerdem wird er seine Ziele an seinen Vorgesetzten und an die Personalleitung kommunizieren.

In der nachfolgenden Aufstellung hat Stephan S. bereits einige Punkte der „SMART-Formel" gut verwirklicht. Die Ziele sind spezifisch und damit messbar. Die gesteckten Ziele sind eindeutig aktionsorientiert und realistisch. Eine nachvollziehbare und realistische Terminierung sollte noch durchgeführt werden.

**Strategisches Fernziel**
- Position „Regionalverkaufsleiter" (Personalverantwortung, Führungskraft) erreichen

**Strategische mittelfristige Ziele**
- Bestehende Kontakte und Netzwerke auffrischen und nutzen
- Vertiefende Seminare (Know-how aufbauen) besuchen
- Einstieg in den Außendienst schaffen
- Know-how Führer im Außendienst (Support für das Vertriebsteam) werden
- Umsatz-Führerschaft im Außendienst erreichen

**Operative Nahziele**
- Termine mit Vorgesetztem und Personalleiter machen – Ziele kommunizieren
- Zeitnah (plus vier Wochen) Kontakte zum Vertriebsleiter Deutschland aufbauen
- Mitarbeit in marktnahen Projektteams sicherstellen (informieren, Interesse kommunizieren, Mitglied in Projektgruppen sein)
- Einblick in Arbeitsweisen und geforderte Kompetenzen im Außendienst zeitnah sammeln (pro Monat: zwei Tage Doppelbesuch mit dem Außendienst realisieren)
- Ziele kommunizieren (an derzeitigen Chef und Personalabteilung)
- Kompetenzen „Vertriebstechniken und Vertriebskommunikation" durch ein Seminar im nächsten Quartal aufbauen (Urlaubstage investieren und gesetzliche Fortbildungstage nutzen)

## 5.6 Positionierung

Nach fünf Jahren in der Entwicklungsabteilung für Produkt- und Testsysteme strebt Stephan S. als langfristiges Ziel die Position eines Regionalverkaufsleiters im Bereich Diagnostikvertrieb an. Als mittelfristiges Ziel möchte er den Einstieg in den Außendienst schaffen. Aus Gesprächen mit Vertriebskollegen weiß Stephan S., dass es nicht ein einziges Verkäuferprofil gibt. Die Kombination persönlicher und fachlicher Kompetenz, gepaart mit einer positiven Persönlichkeit, wird aber immer wieder als „im Außendienst Erfolg versprechend" zitiert. Zur Formulierung der Positionierung benutzt Stephan S. das vorgestellte „Step-3-Modell".

**Step-1: Kunden-Nutzen-Attraktivität**
- Auf welche Zielgruppe gilt es zu fokussieren, um meine Ziele zu erreichen?
  Antwort: Vertriebsleiter (VL), Personalleiter (PL), aktueller Vorgesetzter (R&D).
- Wie kann die Zielgruppe charakterisiert werden (Werte, Erwartungen, eigene Ziele)?
  Antwort: Der VL ist stark ergebnisorientiert, erwartet volles Engagement für Unternehmen und das Vertriebsteam. Er arbeitet stetig daran, das fachliche Know-how des Vertriebsteams so hoch wie möglich zu halten. Er selbst hat Ambitionen auf die Position als Geschäftsführer. Der PL unterstützte in der Vergangenheit Karrieren über Abteilungen hinweg. Er ist leistungsorientiert und erwartet, dass er über alles informiert ist. Er selbst ist als PL am Ziel seiner Karriere angekommen. Der Vorgesetzte versteht von Vertrieb nichts und ist sich bewusst, dass dies seine Effektivität limitiert. Im direkten Kundenkontakt tut er sich eher schwer. Er ist traditionell und sieht die Führung seiner R&D-Teams als Lebensaufgabe.
- Welches Bild hat meine Zielgruppe und mein Umfeld (beruflich, privat) von mir?
  Antwort: Der VL kennt Stephan S. aus Projektteams und mag seine konsequente und kompetente Art. Der Vorgesetzte sieht ihn als „zielstrebige und positiv kompetente Persönlichkeit". Der PL hat schon häufiger geäußert, dass er besonders die Gewissenhaftigkeit, die Kompetenz und die Initiative an Stephan S. schätzt.
- Was habe ich zu bieten (Stärken, Leistungen)?
  Antwort: großes Know-how, gewissenhafte Umsetzung von Projekten und Aufgaben, guter und offener Kommunikationsstil, Zielorientiertheit. Ich kann über Grenzen und Limitierungen hinwegdenken und finde immer Lösungen für Herausforderungen.

## 5.6 Positionierung

- Welcher Nutzen ergibt sich daraus für meine Zielgruppe, mein Umfeld, mein Team, das Unternehmen?
Antwort: Der Nutzen ergibt sich für den Vertriebsleiter dadurch, dass er mit Stephan S. einen Mitarbeiter im Team hätte, der nach innen als Kompetenzzentrum wirkt und nach außen durch die Kombination von Wissen, Offenheit und Visualisierungsfähigkeit zu einem sehr erfolgreichen Vertriebsmitarbeiter entwickelt werden kann. Sein anwendbares Know-how erhöht die Attraktivität zusätzlich.
Aktueller Vorgesetzter: Durch den Kontakt zu seinem potenziellen Ex-Mitarbeiter erhält der Leiter der Entwicklungsabteilung direkten Zugang zum Markt und zu Markttrends. Stephan S. versteht die Denkweise der Entwicklung und kann so detaillierte Rückmeldungen aus dem Markt liefern. Personalchef: Er arbeitet an einem Projekt der Verzahnung von Innendienst und Außendienst, um eine höhere Identifikation mit dem Unternehmen zu schaffen. Stephan S. als „Testperson" stellt für den Personalchef einen außerordentlichen Nutzen dar.

**Step-2: Wettbewerb**
- Welche Stärken (Kommunikation, Kontakte, Netzwerke,...) haben meine Wettbewerber?
Antwort: Innerbetrieblich sieht er keine Person, die eine ähnliche Kombination aus technischem Know-how und Eignung für den Vertrieb anbieten kann. Er sieht lediglich externe „reine" Vertriebsleute als Wettbewerb.
- Welcher Nutzen kann daraus für die Zielgruppe generiert werden?
Antwort: Lediglich für den VL könnte die Aussicht auf einen eingearbeiteten Vertriebsmitarbeiter von Nutzen sein. Er würde sich eine tiefe Einarbeitung ersparen können. Demgegenüber bietet Stephan S. eine Reihe von zusätzlichen Nutzenaspekten.
- Wie schwierig ist es für Kollegen oder andere Personen (Wettbewerber), einen ähnlichen Nutzen zu bieten wie ich?
Antwort: Schwirig, denn die Kombination Erfahrung in R&D, hohes Knowhow in Bezug auf eigene Technologien und Kenntnisse des Unternehmens sind nur schwer zu imitieren.

**Step-3: Formulierung und Reflexion** Positionierungsaussage: „Kompetenter und kommunikativer Überzeuger mit hohem technischen Know-how. Ich bin Grenzgänger zwischen Technologie und Vertrieb, mit Stärken in der zielstrebigen, konsequenten Zielumsetzung und dem Finden von Lösungen."
Reflexion der Umsetzung: Folgende Fragen und Punkte sind zu bewerten. Alle Punkte müssen mit einem klaren „JA" beantwortet werden können.

- Ist die Positionierung konsistent mit meinen Stärken? JA.
- Ist die Positionierung konsistent mit dem existierenden Image? JA.
- Befriedigt die Positionierung den bestehenden oder künftigen Bedarf des Kunden und benennt sie den Kundennutzen? JA.
- Ist die Positionierung nur außerordentlich schwer zu imitieren? JA.
- Ist die Positionierung konsistent, glaubwürdig und basiert diese auf realen Stärken und Fakten? JA.

Zusätzlich hat Stephan S. die Positionierung gegen die Erwartungen seiner Hauptzielperson „Vertriebsleiter" reflektiert: Die Positionierung ist nahezu maßgeschneidert für den Vertriebsleiter, der als Praktiker die interessante Kombination aus „Know-how" und „Soft Skills" erkennen wird. Wichtig ist aber sicher auch die Betonung der Zielstrebigkeit gegenüber dem Vertriebsleiter, denn er weiß, dass rein technisch orientierte Verkaufsgespräche den Kunden zwar „schlauer" machen, in der Regel aber seltener zu Geschäftsabschlüssen führen.

## 5.7 Strategie

### 5.7.1 Strategieaussage

Als Basis für die Formulierung der Strategie galt es sieben Fragen zu beantworten. Die Fragen und Antworten von Stephan S. sind im Folgenden dargestellt. An dem Beispiel von Stephan S. wird deutlich, wie sich aus den Antworten auf die Fragen strukturiert die Strategieaussage entwickelt. Die Strategieaussage steht damit auf einem realen Fundament und ist deshalb konkret und umsetzbar.

**Stephan S. – Antworten**
1. Welche Stärken charakterisieren Sie?
   Antwort: Hohe fachliche Kompetenz. Ideenreichtum. Angenehm, konsequent und strukturiert. Gewissenhaft und manchmal detailverliebt. Hohes Kommunikations- und Einfühlungsvermögen, gepaart mit der Fähigkeit, Zusammenhänge zu visualisieren. Betriebswirtschaftliches Grundlagenwissen. Diskussions- und Verhandlungssicherheit.
2. Wie treten Wettbewerber auf?
   Antwort: Die Wettbewerber verkaufen sich offensiv, häufig aber ohne echte Wissensbasis.
3. Welche Stärken und Themen sollen besetzt werden?
   Antwort: Fachliche Kompetenz, hohe Kommunikations- und Überzeugungskompetenz. Einfühlungsvermögen (auf Kunden). Die strukturierte und kon-

## 5.7 Strategie

sequente Arbeitsweise. BWL-Grundlagen. Hauptthema: Kompetenz und Überzeugungskraft.
4. Wie sollen die Stärken kommuniziert werden?
Antwort: Die Kommunikation erfolgt gezielt, mit ruhiger Hand und dem Wissen um die eigenen Stärken.
5. Welche Punkte sollen definitiv nicht kommuniziert werden?
Antwort: Detailverliebtheit.
6. Welche privaten Aktivitäten werden Image bildend verwendet?
Antwort: Sportliche Fitness, positive Wirkung des familiären Umfeldes.
7. Welche finanziellen Ressourcen stehen zur Verfügung?
Antwort: Stephan S. hat ein Budget von 1.500 € für privat finanzierte Fortbildungen pro Jahr eingeplant.

**Strategieaussage: „Kontakt- und Informationsstrategie"** „Durch gezielte Kommunikation und die Einbringung meiner Person in Prozesse und Projekte möchte ich mich in den nächsten sechs Monaten als kommunikativer Überzeuger etablieren. In dieser Zeit gilt es relevante interne, wie externe Kontakte aufzubauen. Die Kommunikation von extern besuchten Seminaren, privaten Erfahrungen und das Ausleben meiner Kommunikations- und Präsentationsfähigkeit sind Eckpfeiler meiner Strategie und werden ruhig, aber bestimmt penetriert. Die schon gut etablierten Punkte Kompetenz, Konsequenz, Gewissenhaftigkeit und Zielstrebigkeit werden durch die Qualität der täglichen Routine weiter manifestiert."

### 5.7.2 Aktion

**Aktionsplan** Aus der Positionierung und der Strategie von Stephan S. werden die folgenden Strategieschwerpunkte abgeleitet. Um diese vier Strategieschwerpunkte herum werden konkrete Aktionen abgeleitet. Die Konsistenz der Aktionen wird durch die „Aktivitäten-Landkarte" (Abb. 5.1) gesichert und visualisiert.

**Schwerpunkt 1: Wissen aufbauen & Horizont erweitern**
- Wirtschaftsmagazine lesen (WiWo, Harvard Business Manager, Brand eins)
- Seminare besuchen (Verkaufstechniken und -rhetorik, Soft Skills/private Anbieter, VHS)
- Gespräche mit Netzwerk, Kollegen und Mentoren suchen
- Fachfremde Themen aufbauen (z. B. Wein, Kulturen)

**Schwerpunkt 2: Kontakte aufbauen**
- Netzwerk aufbauen bzw. Kontakte intensivieren
- Innerbetriebliche Netzwerke aufbauen – Kontakte zu VL und Vertrieb aufbauen

**Abb. 5.1** Aktivitäten-Landkarte für das Personenmarketing

- Business-Coach und/oder Mentor suchen
- Teammitglieder coachen
- Feedback erfragen

**Schwerpunkt 3: Aufmerksamkeit im Umfeld erzeugen**
- Um Teilnahme an Projekten bemühen
- Projektleiter unterstützen, Sub-Projekte leiten
- Präsentationen nutzen
- Kompetenz und Leistungsfähigkeit darstellen
- Bestimmte Themen besetzen

**Schwerpunkt 4: Ziele im Tagesgeschäft erreichen**
- Stärken leben (Zeitmanagement, Strukturiertheit)
- Gutes Selbstmanagement nutzen, um Zeit für Projekte zu haben
- Detailverliebtheit abbauen

# Ihr persönlicher Marketingplan „Eigenpositionierung" 6

### Zusammenfassung
Dieses Kapitel enthält Checklisten mit dessen Hilfe Sie Ihren persönlichen Marketingplan erstellen können. Es wurde bewusst auf das Benennen von Möglichkeiten und Alternativen verzichtet. Dies würde zwar das Ausfüllen erleichtern, aber gleichzeitig die Auseinandersetzung mit der eigenen Person behindern.

Jetzt ist Ihr Engagement gefordert. Durchlaufen Sie den Prozess von der Produktdefinition über die Zielsetzung und die Positionierung, bis hin zur Strategie und den Aktionen, die Sie angehen möchten, um Ihre Ziele zu erreichen. Bringen Sie die Energie auf, alle diese Punkte zu bearbeiten. Es wird sich lohnen. Die Checklisten dienen als Rahmen für die Erstellung persönlichen Marketingplans. Mein Tipp: Investieren Sie Zeit und Kopf. Die Strukturierung folgt den Inhalten von Kap. 3 und dem Beispiel „Stephan S.".

Ich wünsche Ihnen viel Spaß und Erfolg bei der Entwicklung Ihrer persönlichen Eigenpositionierung und Ihres eigenen Marketingplans.

**Profil, Motivation und Ziel**

**Formulieren Sie nachfolgend kurz Ihr Profil und Ihren aktuellen Status!**
- Ausbildung (Studium, Schwerpunkte, besondere Erfahrungen, Auslandsaufenthalte, etc.)
- Bisherige Berufserfahrung (Tätigkeiten, Verantwortlichkeiten, Bereiche, Erfahrungen, Sport, etc.)
- Unternehmen, für die Sie aktiv sind/waren (Schwerpunkte, Business, Größe, Wachstum, etc.)
- Genaue Beschreibung der aktuellen Tätigkeit
- Motivation und Grund, warum Sie eine Eigenpositionierung durchführen möchten
- Persönliche und berufliche Ziele

# 1.) Produktdefinition

Eigenbild-Analyse:
Die Eigenbild-Analyse wird anhand von 13 Fragen durchgeführt. Gehen Sie offen und ehrlich an die Eigenbildanalyse heran und beantworten Sie die Fragen vor dem Hintergrund Ihres täglichen Handelns und Ihrer Erfolge. Die Antworten ergeben ein Bild der Eigenschaften und Kompetenzschwerpunkte, durch die Sie charakterisiert werden. Fassen Sie am Schluss die wesentlichen Punkte kurz zusammen.

- Werte: Diese Werte (z. B. Offenheit, Ehrlichkeit, Menschenachtung) charakterisieren mich!

- Persönlichkeit: Welche Persönlichkeitsmerkmale charakterisieren mich? Ich bin!

- Vorgehensweise: So gehe ich Aufgaben an!

**1.) Produktdefinition**

Eigenbild-Analyse/Fortsetzung:

- Kompetenzen: Wofür werde ich gelobt, wofür bekomme ich Komplimente?

- Kompetenzen: Zu welchen Themen wird um mein Input oder meine Hilfestellung gebeten?

- Kompetenzen: Diese fachlichen Kompetenzen besitze ich!

- Arbeitsweise: So nehme ich Informationen auf!

- Arbeitsweise: So arbeite ich mit anderen Personen zusammen!

**1.) Produktdefinition**

Eigenbild-Analyse / Fortsetzung:

- Arbeitsweise: In dieser Rolle und in diesem Umfeld arbeite ich erfolgreich!

- Projekte: Welche Stärken haben dazu beigetragen, dass Projekte erfolgreich waren?

- Kommunikation: Mit wem kommuniziere ich am liebsten?

- Kommunikation: Wer versteht mich am besten?

- Kommunikation: So kommuniziere ich!

**1.) Produktdefinition**

Eigenbild-Analyse/Fortsetzung:

**Zusammenfassung des Eigenbildes:**

## 1.) Produktdefinition

<u>Fremdbild-Analyse:</u>
Befragen Sie Ihr Umfeld bezüglich Ihrer Stärken, Arbeitsweisen, Persönlichkeitsmerkmale und wie Sie von anderen wahrgenommen/gesehen werden. Befragen Sie Freunde, Kollegen, einen Business-Coach, einen Professor/Lehrer oder auch Ihren Vorgesetzten. Fassen Sie am Schluss die Antworten und damit das Fremdbild zusammen.

<u>Antworten Umfeld:</u>

**Zusammenfassung des Fremdbildes:**

**1.) Produktdefinition**

Feedback-Analyse:
Durch die Analyse des Ablaufs von Projekten (Feedback-Analyse) werden Sie viel über sich erfahren. Nutzen Sie zur Analyse neue Projekte oder Projekte, die Sie in der nahen Vergangenheit abgeschlossen haben. Gehen Sie in zwei Schritten vor:

Schritt 1 – „Vor dem Projektstart"
Notieren Sie Ihre Ziele und Ihre Erwartungen.
Notieren Sie den geplanten Weg und die Limitierungen bzw. Hindernisse, die Sie erwarten.
Notieren Sie die Auswirkungen, mit denen Sie rechnen.

# 6 Ihr persönlicher Marketingplan „Eigenpositionierung"

**1.) Produktdefinition**

Feedback-Analyse/Fortsetzung:

Schritt 2 – Projektstart „plus6" Monate
Kontrollieren Sie nach 6 bis 12 Monaten und vergleichen Sie die notierten Erwartungen mit den Resultaten. Sie werden erkennen, wie wertvoll diese Analyse ist. Das so gewonnene analytische Eigenbild liefert folgende Informationen:
- Wen verstehe ich?
- Mit wem arbeite ich gut und erfolgreich zusammen?
- Welche Persönlichkeitstypen muss ich mehr einbeziehen?
- Was hemmt mich?
- Wo liegen meine Stärken?
- Wie arbeite ich (Arbeitsweise)?
- Welche Kompetenzen besitze ich?
- Warum war ich erfolgreich?
- Was habe ich getan, um mein volles Potenzial auszuschöpfen?

**Zusammenfassung und Bewertung der Feedback-Analyse:**

**1.) Produktdefinition**

Werte
Wertvorstellungen von Unternehmen, Management und Mitarbeitern sollten kompatibel sein. Analysieren Sie Ihre persönlichen Wertvorstellungen, wie auch das Wertesystem des Unternehmens. Nutzen Sie zur Einschätzung Imagebroschüren des Unternehmens und gegebenenfalls persönliche Erfahrungen, wie die Werte im Unternehmen von Mitarbeitern und Führungskräften wirklich gelebt werden.

Persönliche Wertvorstellungen:




Werte des Unternehmens/Arbeitgebers:




**Zusammenfassung – Bewertung der Schnittmengen und der Diskrepanzen:**

# 6 Ihr persönlicher Marketingplan "Eigenpositionierung"

**1.) Produktdefinition**

Persönlichkeit

Um die eigene „Produktanalyse" abzurunden, gilt es sich mit der Analyse der eigenen Persönlichkeit auseinanderzusetzen. Dazu können Sie Persönlichkeitstests (z. B. Persolog, DISG® und andere) nutzen. Diese sind auch in Buchform erhältlich. Gegebenenfalls empfiehlt es sich, ein Seminar zu besuchen.

Der Test beschreibt Sie wie folgt:

## 1.) Produktdefinition

**Produktdefinition – Zusammenfassung**

Notieren Sie nachfolgend die für Sie wichtigsten Punkte der „Produktdefinition".
Aktualisieren und ergänzen Sie gegebenenfalls Ihr Profil (siehe: Profil, Motivation, Ziel).

# 6 Ihr persönlicher Marketingplan „Eigenpositionierung"

## 2.) Marktanalyse

Die Marktanalyse ist aus zwei Gründen wichtig: Zum einen gilt es Branchen und Firmen zu identifizieren, in denen man mit dem eigenen Stärkenprofil erfolgreich tätig werden kann. Die Frage nach dem Potenzial und der Entwicklung der Branche ist hier zu beantworten (Makro-Analyse). Zum anderen gilt es zu erarbeiten, wie sich die für Sie interessanten Unternehmen aufstellen, wie sie kommunizieren, was sie besonders macht und ob das Geschäft und die Produkte attraktiv und zukunftsfähig sind (Mikro-Analyse). Des Weiteren gilt es die Wettbewerber zu analysieren, mit denen Sie persönlich im Wettbewerb um die besten Plätze in der Wirtschaft stehen.

Makro-Analyse – Allgemein

- Welche Branchen profitieren von politischen-gesellschaftlichen-technischen Entwicklungen (z. B. profitiert die Health Care Branche sehr stark von der demografischen Entwicklung)?

- Welche Branchen sind aktuell stark in der Wirtschaftspresse vertreten?

- Welchen Branchen werden gute Zukunftschancen eingeräumt?

**2.) Marktanalyse**

Makro-Analyse – Allgemein/Fortsetzung

- Steht eine Branche durch bestimmte Entwicklungen vor einem Wandel?

- In welchen Branchen werden hohe Gehälter bezahlt?

- In welchen Branchen gibt es besonders gute Aufstiegsmöglichkeiten?

- Welche Branchen sind ein guter erster/nächster Schritt mit weiterem Entwicklungspotenzial für mich?

**Ergebnis: Folgende Branchen erscheinen besonders attraktiv (maximal 2):**

# 6 Ihr persönlicher Marketingplan „Eigenpositionierung" 111

**2.) Marktanalyse**

Mikro-Analyse – Branche

Haben Sie eine attraktive Branche identifiziert, gilt es diese weiter zu analysieren:

- Ist die Branche im Umbruch?




- Ist die Branche in einer Entwicklungs- und Expansionsphase?




- Ist die Branche geprägt durch Kostenreduktion?




- Ist die Branche geprägt durch Firmenzusammenschlüsse?

**2.) Marktanalyse**

Mikro-Analyse – Branche / Fortsetzung

- Welche Art von Kunden hat die Branche?

- Welchen Herausforderungen steht die Branche gegenüber?

- In welcher Wettbewerbssituation befindet sich die Branche?

# 6 Ihr persönlicher Marketingplan „Eigenpositionierung"

## 2.) Marktanalyse

Mikro-Analyse – Unternehmen
Ist eine attraktive Branche aus der Makroanalyse hervorgegangen, können im nächsten Schritt einzelne Unternehmen analysiert werden. Für die Analyse „möglicher zukünftiger Arbeitgeber" empfehle ich interne Quellen aus dem Unternehmen (ein Anruf – warum nicht?!), Zeitungsartikel und das Internet. Selbstverständlich kann diese Analyse auch auf den aktuellen Arbeitgeber angewendet werden. Folgende Fragen dienen als Anhaltspunkte für Ihre Analysen:

- Welche Produkte und Dienstleistungen bietet das Unternehmen?

- Wie verdient das Unternehmen Geld?

- Welche Wettbewerber hat das Unternehmen?

- Steht das Unternehmen vor einem Entwicklungssprung?

**2.) Marktanalyse**

Mikro-Analyse – Unternehmen/Fortsetzung

- Investiert das Unternehmen in Produkte, Entwicklungen und das Personal?


- Welche Kundengruppen werden von dem Unternehmen bedient?


- Welche speziellen Profile werden in dem Unternehmen nachgefragt?


- Welche Gehälter werden in dem Unternehmen/der Branche gezahlt?

## 2.) Marktanalyse

Mikro-Analyse – Wettbewerber
Zu guter Letzt geht es in der Analyse um die Wettbewerber, die mit Ihnen im Wettbewerb um die besten Unternehmen und Positionen stehen. Ein guter ICH-Manager weiß, was der Wettbewerb tut und wo der Wettbewerb aktiv ist. Folgende Fragen gilt es zu beantworten:

- Welchen Branchen wenden sich andere zu?

- Welche Qualifikationen bieten andere Wettbewerber?

- Welche Qualifikationen sind „en vogue"?

- Welche Managementschulen bieten die besten Informationen?

- Was sind gängige oder sich abzeichnende Erfolgskonzepte und -wege?

**2.) Marktanalyse**

Mikro-Analyse – Wettbewerber/Fortsetzung

- Wie treten meine Wettbewerber auf?




- Welche Aktionen in eigener Sache starten meine Wettbewerber?




- Welche Kontakte und Netzwerke werden genutzt?




- Welche Vorgehensweisen und Entwicklungswege pushen die Karriere?




- Welche Firmen sind für den Einstieg in die „High-Potential-Welt" besonders gut geeignet?

# 6 Ihr persönlicher Marketingplan „Eigenpositionierung"

## 3.) Marktdefinition

Beschreiben und erläutern Sie nun kurz, in welcher Branche, gegebenenfalls in welchem Branchensegment, Sie aktiv werden möchten und welche potenziellen Arbeitgeber für Sie besonders interessant sein könnten.

Branche/Priorität-A

Attraktive, potenzielle Arbeitgeber in dieser Branche:

Branche/Priorität-B

Attraktive, potenzielle Arbeitgeber in dieser Branche:

### 4.) Marktwert

Bereits in der Marktanalyse wurde auch das Gehaltsgefüge von Branchen und Unternehmen analysiert. Hier geht es nun im Speziellen darum, wo Sie in Relation zum allgemeinen Gehaltsgefüge liegen – eher darüber oder eher darunter. Da die Vergütung selbstverständlich wesentlich von der Art der Position und Funktion in einem Unternehmen abhängt, formulieren Sie bitte zunächst Ihre Ziele und kommen dann zurück zum Punkt „Marktwert".

- Welche Gehälter werden in dem Unternehmen für die angestrebte Position gezahlt?

- Welche Fähigkeiten werden erwartet?

- Welche Methodenkompetenzen werden erwartet?

- Werden spezielle Fähigkeiten erwartet?

- Welche Marktkompetenz und welche Erfahrungen werden erwartet?

**4.) Marktwert**

- Notieren Sie bitte, welchen Anteil der geforderten Kompetenzen Sie bereits heute bieten können!




- Sollte die Diskrepanz zwischen SOLL und IST zu groß sein, ist gegebenenfalls das Ziel nochmals zu überarbeiten.




- Weitere Notizen:




**Ergebnis: Dieser Marktwert erscheint realistisch für mein Profil:**

## 5.) Ziele

Schritt 1: Profil/Status:
Fassen Sie nochmals kurz Ihr Profil (siehe vorne) zusammen.

Schritt 2: Strategisches Fernziel
Formulieren Sie zunächst das übergeordnete Fernziel oder das Lebensziel. Danach die Position, die Sie in rund fünf Jahren einnehmen möchten (z. B. Position „Regionalverkaufsleiter" (Personalverantwortung, Führungskraft) erreichen).

Schritt 3: Strategische Nah- und mittelfristige Ziele
Formulieren Sie die Ziele, die Sie in ein bis zwei Jahren erreicht haben möchten.

# 6 Ihr persönlicher Marketingplan „Eigenpositionierung"

## 6.) Positionierung

Die Entwicklung der Positionierung und die Reflexion der Positionierung erfolgt entlang des „Step-3-Modells". Beantworten Sie bitte die folgenden Fragen.

Step-1: Kunden-Nutzen-Attraktivität

- Auf welche Zielgruppe gilt es zu fokussieren, um Ihre Ziele zu erreichen?

- Wie kann die Zielgruppe charakterisiert werden (Werte, Erwartungen, eigene Ziele)?

- Welches Bild hat meine Zielgruppe und mein Umfeld (beruflich, privat) von mir?

- Was habe ich zu bieten (Stärken, Leistungen)?

- Welcher Nutzen ergibt sich daraus für meine Zielgruppe, mein Umfeld, mein Team, das Unternehmen?

**6.) Positionierung**

Step-2: Wettbewerb

- Welche Stärken (Kommunikationsfähigkeit, Kontakte, Netzwerke, …) haben meine „Wettbewerber" um die angestrebte Position?

- Welcher Nutzen kann daraus für die Zielgruppe generiert werden?

- Wie schwierig ist es für Kollegen oder andere Personen (Wettbewerber), einen ähnlichen Nutzen wie ich zu bieten?

# 6 Ihr persönlicher Marketingplan „Eigenpositionierung"

**6.) Positionierung**

**Step-3: Formulierung und Reflexion**

**Positionierungsaussage:**




**Reflexion der Umsetzung:**
Die folgenden Fragen und Punkte sind zu bewerten. Alle Punkte müssen mit einem klaren „JA" beantwortet werden können. Sollte dies nicht der Fall sein, gilt es die Positionierungsaussage entsprechend umzuformulieren.

Ist die Positionierung konsistent mit dem existierenden Image? **JA – NEIN**
Wenn NEIN: Warum nicht?




Befriedigt die Positionierung den bestehenden oder künftigen Bedarf des Kunden und benennt sie den Kundennutzen? **JA – NEIN**
Wenn NEIN: Warum nicht?




Ist die Positionierung nur außerordentlich schwer zu imitieren? **JA – NEIN**
Wenn NEIN: Warum nicht?




Ist die Positionierung konsistent, glaubwürdig und basiert diese auf realen Stärken und Fakten? **JA – NEIN**
Wenn NEIN: Warum nicht?

## 7.) Strategie und Aktion - Ihre persönliche Erfolgsstrategie

Als Vorbereitung für die Formulierung der Strategie gilt es sieben Fragen zu beantworten. Trotz der Wiederholungen sollten die Ergebnisse und Einschätzungen hier nochmals explizit notiert werden!! Sollte die Beantwortung nicht leicht von der Hand gehen, empfehle ich, das Beispiel „Stephan S." nochmals durchzuschauen. Aus den Antworten ergibt sich strukturiert die Strategieaussage. Mit dieser Vorgehensweise steht die Strategieaussage auf einem realen Fundament, ist konkret und umsetzbar.

Die Strategieaussage ist der Kern der „Eigenpositionierung". Sie enthält die eigentliche Positionierung, die Strategieschwerpunkte und ist Verbindungsglied zu den Aktionen, die zur Verwirklichung der Ziele angegangen werden sollen.

- Welche Stärken charakterisieren Sie (siehe Analyse)?




- Wie treten Wettbewerber auf (siehe Analyse)?




- Welche Stärken und Themen sollen besetzt werden?




- Wie sollen die Stärken kommuniziert werden?

# 6 Ihr persönlicher Marketingplan „Eigenpositionierung"

**7.) Strategie und Aktion – Ihre persönliche Erfolgsstrategie**

- Welche Punkte sollen definitiv nicht kommuniziert werden?

- Welche privaten Aktivitäten werden Image bildend verwendet?

- Welche finanziellen Ressourcen stehen zur Verfügung?

**Strategieaussage:**        Titel: „ ................................................................ "

Aussage:

### 7.) Strategie und Aktion – Aktionsplan

Auf der Grundlage von Positionierung und Strategie sind Strategieschwerpunkte identifizierbar. Wählen Sie maximal fünf Strategieschwerpunkte. Um diese Strategieschwerpunkte herum benennen Sie konkrete Aktionen, die die Strategie umsetzen. Die Konsistenz der Aktionen wird durch die „Aktivitäten-Landkarte" gesichert und visualisiert. Auch hier möchte ich Ihnen gern das Beispiel von „Stephan S." als Hilfe ans Herz legen. In der Kürze liegt die Würze. Wählen Sie lieber weniger Strategieschwerpunkte und weniger Aktionen, die Sie dann aber konsequent angehen und umsetzen!!

**Schwerpunkt I:** ...........................................................

Aktion-I-A:
Aktion-I-B:
Aktion-I-C:
Aktion-I-D:

**Schwerpunkt-II:** ...........................................................

Aktion-II-A:
Aktion-II-B:
Aktion-II-C:
Aktion-II-D:

**Schwerpunkt III:** ...........................................................

Aktion-III-A:
Aktion-III-B:
Aktion-III-C:
Aktion-III-D:

## 7.) Strategie und Aktion – Aktionsplan

**Schwerpunkt IV:** ..................................................................

Aktion-IV-A:
Aktion-IV-B:
Aktion-IV-C:
Aktion-IV-D:

**Schwerpunkt V:** ..................................................................

Aktion-V-A:
Aktion-V-B:
Aktion-V-C:
Aktion-V-D:

**7.) Strategie und Aktion – Aktionsplan / Aktivitäten-Landkarte**
Die Aktivitäten-Landkarte visualisiert die Aktionen an sich und deren Verknüpfung mit dem direkt zugeordneten Strategieschwerpunkt, aber auch die Wirkung auf die anderen Strategieschwerpunkte. Als Faustregel gilt, dass die Mehrzahl der Aktion zumindest in Richtung zweier Strategieschwerpunkte wirken sollte, also zwei Verbindungslinien auf die Aktion zulaufen sollten. Keine Scheu, gehen Sie daran, Ihre eigene Aktivitäten-Landkarte zu „malen". Zur besseren Darstellung der Strategieschwerpunkte empfiehlt sich die Verwendung unterschiedlicher Farben.

Schritt 1:   Strategieschwerpunkte eintragen
Schritt 2:   Aktionen um die Strategieschwerpunkte anordnen
Schritt 3:   Verknüpfungen einzeichnen
Schritt 4:   Aktionen konsequent umsetzen!!!!!!

Herzlichen Glückwunsch! Sie haben Ihre Eigenpositionierung entwickelt und halten Ihren persönlichen Marketingplan in den Händen. Jetzt gilt es Fahrt aufzunehmen und die Positionierung zu leben, die Aktionen zu planen und abzuarbeiten. Investieren Sie weiterhin Energie, um Ihre Ziele zu erreichen. Lassen Sie sich vor allem aber nicht ablenken oder entmutigen. Sie haben viel Energie in Ihre Eigenpositionierung gesteckt. Holen Sie sich jetzt den Lohn dafür ab – erreichen Sie Ihre Ziele.

# Glossar

**Aktivitäten-Landkarte** Die Aktivitäten-Landkarte (engl. activity system map) gibt die Konsistenz und Verknüpfung von Aktionen mit den Kernpunkten einer Strategie bzw. eines Unternehmenskonzeptes durch eine spezielle grafische Darstellung wieder.
**Benchmarking** Der Begriff beschreibt das „Gegen etwas messen".
**Businessplan** Der Businessplan ist Planungswerkzeug und Rückgrat jeder unternehmerischen Tätigkeit. Er vereinigt nüchterne Markt- und Finanzanalysen mit unternehmerischen Zielen und Visionen.
**CEO** Die Funktion eines Vorstandsvorsitzenden ist das deutsche Äquivalent zu dem aus dem Englischen stammenden Begriff CEO (Chief Executive Officer).
**CRM** Customer Relationship Management. Dieser Begriff beschreibt die Gesamtheit der Aktionen eines Unternehmens zur Kundenbindung.
**DISG®-Test** Mit Hilfe des DISG®-Tests kann ein Persönlichkeitsprofil von einer Person erstellt werden. Der Test basiert auf der Reaktion einer Person auf günstige und feindliche Umgebungen. Das zweiachsige Vierquadranten-Modell unterteilt in dominant, initiativ, stetig und gewissenhaft. (Rechte am DISG®-Modell: Inscape Publishing Inc. Das „Persolog Persönlichkeits-Modell" ist ebenfalls zu empfehlen.)
**High Potentials** Personen und Mitarbeiter, die von einem Unternehmen als besonders förderungswürdige angesehen werden, da ihnen das Potenzial zugesprochen wird, nach einer bestimmten Zeit wichtigste Unternehmensfunktionen wahrnehmen zu können.
**Marketingplan** Der Marketingplan ist Planungswerkzeug der unternehmerischen Tätigkeit, wie auch aller Schritte im Personenmarketing. Im Gegensatz zum Businessplan bezieht sich der Marketingplan stärker auf die operative Markt- und Vertriebssicht. Häufig fokussiert er sogar nur ein Produkt oder einen Produktbereich. In Abhängigkeit von der Unternehmensstruktur kann der Marketingplan auch Teil eines Businessplans sein.

**Mindmapping** Eine entsprechend der natürlichen Architektur und Funktionsweise des Gehirns aufgebaute Methode, Notizen zu erstellen, visuell zu organisieren und übersichtlich zu strukturieren. Die Methode eignet sich des Weiteren für das Fixieren von Gedanken, Ideen und Projekten.

**Performance** Laut Duden eher künstlerische Aktion. Hier verwendet als Summe von Stärken, Leistungen und Leistungsfähigkeit.

**Personenmarketing** Personenmarketing ist ein ganzheitlicher Ansatz, bei dem man sich als Person in den Fokus seiner Überlegungen stellt. Das Resultat ist eine auf die Person zugeschnittene Positionierung und Strategie zur Erreichung von Zielen – zumeist beruflicher Natur. Leistungen werden durch Kommunikation erkennbar und machen den Anwender der Eigenpositionierung zum Manager der eigenen Karriere. Damit ist die Eigenpositionierung ein Konzept und ein Angebot, Karriere neu zu denken.

**Positionierung** Mit einer persönlichen Positionierung entscheidet man bewusst und gezielt, welcher Teil der eigenen Stärken, Arbeitsweisen, Erfahrungen, außerberuflichen Aktivitäten und persönlichen Informationen zur Schaffung eines klaren und attraktiven Bildes „veröffentlicht" und benutzt werden soll. Die Positionierung beschreibt die gezielte Imagebildung im Markt bzw. im Umfeld.

**Produktdefinition** Unter diesem Begriff wird alles subsumiert, was ein Produkt oder eine Person im Zusammenhang mit dem Marketing ausmacht. Eine Person wird durch Ihre Stärken, Werte, Arbeitsweisen, Erfahrungen und Persönlichkeit beschrieben bzw. definiert.

**USP** Der USP (unique selling proposition) ist ein Alleinstellungsmerkmal. Dieses einzigartige, sprich allein stellende Merkmal grenzt das Produkt gegenüber anderen Produkten ab und macht es damit unterscheidbar.

**Virtuelles Produkt** Hier im Zusammenhang mit der Person verwendet, die sich vermarkten will. Die Verwendung des Ausdrucks „virtuell" soll ausdrücken, dass der Mensch an sich natürlich nie Produkt oder Ware ist.

The manufacturer's authorised representative in the EU is Springer Nature Customer Service Centre GmbH, Europaplatz 3, 69115 Heidelberg, Germany. If you have any concerns regarding our products, please contact ProductSafety@springernature.com

Printed and bound by CPI Group (UK) Ltd, Croydon, CR0 4YY

23/03/2026

02076394-0008